T0244740

PRESENTADO A:

_____

DE:

_____

DATE:

_____

EL HOMBRE MÁS RICO DE BABILONIA

soundwisdom

EL

EL LIBRO MÁS VENDIDO

HOMBRE

SOBRE LA CREACIÓN DE

MÁS RICO DE

RIQUEZA PERSONAL

BABILONIA

GEORGE S. CLASON

El texto original de *El hombre más rico de Babilonia* es de dominio público.

Esta publicación editada © 2024 Sound Wisdom.

Todos los derechos reservados. Este libro está protegido por las leyes de propiedad intelectual de los Estados Unidos de América. Ninguna parte de esta publicación puede ser reproducida, almacenada o introducida en un sistema de recuperación de datos, ni transmitida de ninguna forma ni por ningún medio (electrónico, mecánico, fotocopia, grabación u otros), sin el permiso previo por escrito del editor. Para solicitar permisos, póngase en contacto con el editor, dirigiéndose a "Attention: Permissions Coordinator", a la dirección indicada más abajo.

Publicado y distribuido por:
SOUND WISDOM
Apartado de correos 310
Shippensburg, PA 17257-0310

717-530-2122

info@soundwisdom.com

www.soundwisdom.com

Aunque se ha hecho todo lo posible por verificar la información contenida en esta publicación, ni el autor ni el editor asumen responsabilidad alguna por errores, inexactitudes u omisiones. Aunque esta publicación está repleta de información útil y práctica, no pretende ser un asesoramiento jurídico o contable. Se aconseja a todos los lectores que busquen abogados y contables competentes para seguir las leyes y reglamentos que puedan aplicarse a situaciones específicas. El lector de esta publicación asume la responsabilidad del uso de la información. El autor y el editor no asumen responsabilidad alguna en nombre del lector de esta publicación.

La digitalización, carga y distribución de esta publicación a través de Internet o por cualquier otro medio sin el permiso del editor es ilegal y está penada por la ley. Por favor, adquiera únicamente ediciones autorizadas y no participe ni fomente la piratería de materiales protegidos por derechos de autor.

ISBN 13 TP: 978-1-64095-537-0

Para distribución mundial, impreso en EE.UU.

1 2024

Los eones del tiempo han convertido
en polvo los orgullosos muros de
sus templos, pero la SABIDURÍA de
Babilonia perdura para siempre.

CONTENTS

»Si no han adquirido más que lo necesario para sobrevivir desde su juventud, es porque o bien no han aprendido las leyes que gobiernan la construcción de la riqueza, o las conocen y no las siguen«.

RESEÑA HISTÓRICA DE BABILONIA

En las páginas de la historia no hay ciudad más glamurosa que Babilonia. Su propio nombre evoca visiones de riqueza y esplendor, pues sus tesoros de oro y joyas eran fabulosos. Uno naturalmente se imagina una ciudad muy rica situada en un entorno adecuado de lujo tropical, rodeada de ricos recursos naturales de bosques y minas, pero no era así. Estaba situada junto al río Éufrates, en un valle llano y árido donde las lluvias eran insuficientes para cultivar. No tenía bosques, ni minas, ni siquiera piedra para construir, y tampoco estaba situada en una ruta comercial natural.

Babilonia es un ejemplo sobresaliente de la capacidad del hombre para alcanzar grandes objetivos utilizando cualquier medio a su alcance. Todos los recursos que sustentaban esta gran ciudad y todas sus riquezas fueron desarrollados por el hombre.

Babilonia sólo poseía dos recursos naturales: tierra fértil y agua en el río. Con uno de los mayores logros de la ingeniería de este o cualquier otro día, los ingenieros babilonios desviaron las aguas del río mediante presas e inmensos canales. Estos canales se extendían a lo largo y ancho de aquel árido valle para verter las aguas vivificantes sobre el suelo fértil. Se trata de una de las primeras proezas de ingeniería de la historia. El mundo nunca había visto cosechas tan abundantes gracias a este sistema de irrigación.

Afortunadamente, durante su larga existencia, Babilonia fue gobernada por sucesivas líneas de reyes para los que la conquista y el saqueo no eran más que incidentales. Aunque participó en muchas guerras, la mayoría de ellas fueron locales o defensivas contra conquistadores ambiciosos de otros países que codiciaban sus fabulosos tesoros. Los destacados gobernantes de Babilonia perduraron en la historia por su sabiduría, iniciativa y justicia. Babilonia no produjo monarcas fanfarrones que pretendieran conquistar el mundo conocido para que todas las naciones rindieran homenaje a su egoísmo.

Como ciudad, Babilonia ya no existe. Cuando se retiraron aquellas fuerzas humanas energizantes que construyeron y mantuvieron la ciudad durante miles de años, pronto se convirtió en una ruina desierta. El emplazamiento de la ciudad se encuentra en Asia, a unas seiscientas millas al este del Canal de Suez, justo al norte del Golfo Pérsico. La latitud es de unos treinta grados sobre el Ecuador, prácticamente la misma que la de Yuma, Arizona. Poseía un clima similar al de esta ciudad estadounidense, caluroso y seco.

Hoy, este valle del Éufrates, antaño un populoso distrito agrícola de regadío, es de nuevo un árido desierto azotado por el viento. La escasa hierba y los arbustos del desierto luchan por existir contra las arenas barridas por el viento. Atrás han quedado los campos fértiles, las ciudades gigantescas y las largas caravanas de ricas mercancías. Las bandas nómadas de árabes que se ganan la vida cuidando pequeños rebaños, son los únicos habitantes. Así ha sido desde el comienzo de la era cristiana.

Salpicando este valle hay colinas de tierra que, durante siglos, los viajeros no distinguieron más que su figura. Finalmente llamaron la atención de los arqueólogos por los trozos rotos de cerámica y ladrillo que arrastraban las ocasionales tormentas de lluvia, por lo que se enviaron expediciones financiadas por museos europeos y estadounidenses para excavar y ver qué se podía encontrar. Los múltiples picos y palas pronto demostraron que estas colinas eran antiguas ciudades que podríamos llamar "tumbas urbanas".

Babilonia era una de ellas. Sobre ella, durante algo así como veinte siglos, los vientos habían esparcido el polvo del desierto. Construida originalmente de ladrillo, todos los muros expuestos se habían desintegrado y vuelto a la tierra. Así es hoy Babilonia, la ciudad rica. Un montón de tierra, abandonada desde hacía tanto tiempo que ninguna persona viva conocía siquiera su nombre hasta que fue descubierta al retirar cuidadosamente el polvo de los siglos de las calles y los restos caídos de sus nobles templos y palacios.

Muchos científicos consideran que la civilización de Babilonia y otras ciudades de este valle son las más antiguas de las que se tiene constancia fehaciente. Se han constatado que pueden remontarse incluso a 8000 años atrás. Un hecho interesante a este respecto es el medio utilizado para determinar estas fechas. En las ruinas de Babilonia se encontraron descripciones de un eclipse de sol, el cual fue fácilmente calculado por los astrónomos modernos, y establecieron así una relación conocida entre su calendario y el nuestro.

De este modo, hemos comprobado que los sumerios que habitaban Babilonia hace 8000 años vivían en ciudades amuralladas. Sólo se puede conjeturar cuántos siglos antes habían sido erigidas esas ciudades. Sus habitantes no eran meros bárbaros viviendo dentro de murallas protectoras. Era un pueblo culto e ilustrado. Según la historia escrita, fueron los primeros ingenieros, los primeros astrónomos, los primeros matemáticos, los primeros financieros y los primeros en tener una lengua escrita.

Ya se han mencionado los sistemas de irrigación que transformaron el árido valle en un paraíso agrícola cuyos rastros todavía se pueden ver, aunque en su mayoría están llenos de arena acumulada. Algunos de ellos eran de tal tamaño que, cuando estaban vacíos de agua, cabían en su cauce una docena de caballos cabalgando lado a lado. Su tamaño es comparable al de los canales más grandes de Colorado y Utah.

Además de regar las tierras del valle, los ingenieros babilonios llevaron a cabo otro proyecto de magnitud similar. Recuperaron una inmensa extensión de tierras pantanosas en las desembocaduras de los ríos Éufrates y Tigris mediante un elaborado sistema de drenaje, y las convirtieron en tierras cultivables.

Heródoto, el viajero e historiador griego, visitó Babilonia cuando estaba en su apogeo y nos ha dado la única descripción conocida de un forastero. Sus escritos ofrecen una descripción gráfica de la ciudad y de algunas de las costumbres inusuales de sus gentes. Menciona la notable fertilidad del suelo y la abundante cosecha de trigo y cebada que producían.

La gloria de Babilonia se ha desvanecido, pero su sabiduría se ha conservado para nosotros, por lo que estamos en deuda con su forma de registros. En aquella lejana época no se había inventado el uso del papel. En su lugar, grababan laboriosamente en tablillas de arcilla húmeda que, una vez terminadas, se horneaban y se convertían en duras baldosas. Su tamaño era de unos quince por veinte centímetros y un centímetro de grosor.

Estas tablillas de arcilla, como se las llama comúnmente, se utilizaban de forma muy parecida a la escritura moderna. En ellas se grababan leyendas, poesía, historia, transcripciones de decretos reales, leyes del país, títulos de propiedad, pagarés e incluso cartas que los mensajeros enviaban a ciudades lejanas. Estas tablillas de arcilla nos permiten conocer los asuntos íntimos y personales de la gente. Por ejemplo, una tablilla, evidentemente procedente de los registros de un tendero rural, relata que en una fecha determinada un cliente determinado trajo una vaca y la cambió por siete sacos de trigo, tres de los cuales se entregaron en el momento y los otros cuatro quedaron a la espera de que el cliente lo deseara.

Enterradas a salvo en las ciudades arrasadas, los arqueólogos han recuperado bibliotecas enteras de estas tablillas, cientos de miles de ellas.

Una de las maravillas más destacadas de Babilonia eran las inmensas murallas que rodeaban la ciudad. Los antiguos las clasificaron con la gran pirámide de Egipto como pertenecientes a las "siete maravillas del mundo". Se atribuye a la reina Semiramis haber erigido las primeras murallas durante los primeros años de la historia de la ciudad. Los excavadores modernos no han podido encontrar ningún rastro de las murallas originales. Tampoco se conoce su altura exacta. Por lo que mencionan los primeros escritores, se calcula que medían entre quince y veinte metros de altura, estaban revestidas de ladrillo quemado y protegidas por un profundo foso de agua.

Las posteriores y más famosas murallas fueron iniciadas unos seiscientos años antes de Cristo por el rey Nabopolasar. A escala tan gigantesca planeó la reconstrucción, que no vivió para ver la obra terminada. Se la dejó a su hijo, Nabucodonosor, cuyo nombre es familiar en la historia bíblica.

La altura y longitud de estos últimos muros es increíble. Según fuentes fidedignas, medían unos ciento sesenta pies de altura, el equivalente a la altura de un edificio de oficinas moderno de quince plantas. Se calcula que su longitud total oscilaba entre nueve y once millas. La cima era tan ancha que podía rodearla un carro de seis caballos. Poco queda ahora de esta tremenda estructura, salvo partes de los cimientos y el foso. Además de los estragos de los elementos, los árabes completaron la destrucción extrayendo los ladrillos para construir en otros lugares.

Contra los muros de Babilonia marcharon, a su vez, los ejércitos victoriosos de casi todos los conquistadores de aquella época de guerras de conquista. Una hueste de reyes sitió Babilonia, pero siempre en vano. Los ejércitos invasores de la época no se tomaban a la ligera. Los historiadores hablan de unidades de

10.000 jinetes, 25.000 carros, 1.200 regimientos de infantería con 1.000 hombres por regimiento. A menudo se necesitaban dos o tres años de preparación para reunir material bélico y depósitos de alimentos a lo largo de la línea de marcha propuesta.

La ciudad de Babilonia estaba organizada como una ciudad moderna. Había calles y tiendas, los vendedores ambulantes ofrecían sus mercancías por los barrios residenciales y los sacerdotes oficiaban en magníficos templos. Dentro de la ciudad había un recinto interior para los palacios reales. Se dice que las murallas eran más altas que las de la propia ciudad.

Los babilonios eran expertos en las artes. Entre ellas se encontraban la escultura, la pintura, el tejido, la orfebrería y la fabricación de armas de metal y aperos agrícolas, y sus joyeros creaban obras de arte. Se han recuperado muchas muestras de las tumbas de sus acaudalados ciudadanos y ahora se exponen en los principales museos del mundo.

En una época muy temprana, cuando el resto del mundo seguía talando árboles con hachas de piedra o cazando y luchando con lanzas y flechas de pedernal, los babilonios utilizaban hachas, lanzas y flechas con cabezas de metal.

Los babilonios eran hábiles financieros y comerciantes. Por lo que sabemos, fueron los inventores originales del dinero como medio de intercambio, de los pagarés y de los títulos de propiedad escritos.

Babilonia nunca fue penetrada por ejércitos hostiles hasta unos 540 años antes del nacimiento de Cristo. Incluso entonces las murallas no fueron capturadas. La historia de la caída de

Babilonia es de lo más inusual. Ciro, uno de los grandes conquistadores de la época, pretendía atacar la ciudad y esperaba tomar sus inexpugnables murallas. Los consejeros de Nabonido, el rey de Babilonia, le persuadieron para que saliera al encuentro de Ciro y le diera batalla sin esperar a que la ciudad fuera sitiada. En la consiguiente derrota del ejército babilonio, éste huyó de la ciudad y Ciro, entonces, entró por las puertas abiertas y tomó posesión sin resistencia.

A partir de entonces, el poder y el prestigio de la ciudad disminuyeron gradualmente hasta que, en el transcurso de unos pocos cientos de años, fue finalmente abandonada, desierta, dejada a merced de los vientos y las tormentas para que arrasara de nuevo aquella tierra sobre la que se había construido originalmente su grandeza. Babilonia había caído para no volver a levantarse, pero la civilización actual le debe mucho.

Los eones del tiempo han convertido en polvo los orgullosos muros de sus templos, pero la sabiduría de Babilonia perdura.

- **El dinero** es el medio por el que se mide el éxito terrenal.
- **El dinero** permite disfrutar de lo mejor que ofrece la tierra.
- **El dinero** es abundante para quienes comprenden las sencillas leyes que rigen su adquisición.
- **El dinero** se rige hoy por las mismas leyes que lo controlaban cuando los hombres prósperos se agolpaban en las calles de Babilonia, hace seis mil años.

EL HOMBRE QUE DESEABA EL ORO

Bansir, el constructor de carros de Babilonia, estaba completamente desanimado. Contemplaba con tristeza su sencilla casa y el taller abierto en el que se encontraba un carro parcialmente terminado desde su asiento, en el bajo muro que rodeaba su propiedad.

Su mujer aparecía con frecuencia en la puerta abierta. Sus miradas furtivas en su dirección le recordaban que la bolsa de la comida estaba casi vacía y que él debía estar trabajando para terminar la carroza, martilleando y tallando, puliendo y pintando, tensando el cuero sobre las llantas, preparándola para entregarla y poder cobrársela a su rico cliente.

Sin embargo, su cuerpo gordo y musculoso permanecía inmóvil apoyado en la pared. Su mente luchaba con un problema para el que no encontraba respuesta. El sol ardiente y tropical, tan típico de este valle del Éufrates, le golpeaba sin piedad fabricando gotas de sudor que bajaban inadvertidas desde su frente hasta perderse en la selva velluda de su pecho.

Más allá de su casa se alzaba la alta muralla en terrazas que rodeaba el palacio del rey. Cerca, hendiendo los cielos azules, se alzaba la torre pintada del Templo de Bel. A la sombra de tanta grandeza se encontraba su sencilla casa y muchas otras mucho menos pulcras y cuidadas. Babilonia era así: una mezcla de grandeza y miseria, de riqueza deslumbrante y pobreza extrema, amontonadas sin plan ni sistema dentro de los muros protectores de la ciudad.

Detrás de él, si se hubiera vuelto a mirar, los ruidosos carros de los ricos empujaban y hacían a un lado a los comerciantes en sandalias y a los mendigos descalzos. Incluso los ricos se veían obligados a volverse hacia las cunetas para despejar el camino a las largas filas de esclavos aguadores, que, por "asunto del rey", cargaban cada uno con un pesado odre de agua que vertían sobre los jardines colgantes.

Bansir estaba demasiado absorto en su propio problema para oír o prestar atención al confuso bullicio de la ajetreada ciudad. Fue el inesperado tañido de las cuerdas de una lira familiar lo que le despertó de su ensueño. Se volvió y contempló el rostro sensible y sonriente de su mejor amigo, el músico Kobbi.

—Que los dioses te bendigan con gran generosidad, mi buen amigo—dijo Kobbi con un elaborado saludo—. Sin embargo, parece que ya han sido tan generosos que no necesitas esforzarte. Me alegro contigo de tu buena suerte. Es más, me gustaría compartirla contigo. Te ruego que, de tu bolsa, que debe de estar abultada, puesto que de lo contrario estarías ocupado en tu tienda, extraigas sólo dos humildes siclos y me los prestes hasta después de la fiesta de los nobles de esta noche. No los echarás de menos antes de que te sean devueltos.

—Si tuviera dos siclos—respondió Bansir con tristeza—no podría prestárselos a nadie, ni siquiera a ti, mi mejor amigo, porque serían mi fortuna, toda mi fortuna. Nadie presta toda su fortuna, ni siquiera a su mejor amigo.

—¿Qué?—exclamó Kobbi con auténtica sorpresa—. ¡No tienes ni un siclo en la bolsa y, sin embargo, estás sentado como una estatua en la pared! ¿Por qué no completas ese carro? ¿De qué otro modo puedes satisfacer tu noble apetito? No es propio de ti, amigo mío. ¿Dónde está tu inagotable energía? ¿Algo te aflige? ¿Te han traído problemas los dioses?

—Debe de ser un tormento de los dioses—convino Bansir—. Comenzó con un sueño, un sueño sin sentido, en el que creía ser un hombre de recursos. De mi cinturón colgaba un hermoso monedero, repleto de monedas. Había shekels que arrojaba con despreocupada libertad a los mendigos; había piezas de plata con las que compraba galas para mi esposa y todo lo que deseaba para mí; había piezas de oro que me hacían sentir seguro del futuro y sin miedo a gastar la plata. Un glorioso sentimiento de satisfacción se apoderó de mí. No me habrías reconocido, ni a mí ni a mi esposa, con su rostro libre de arrugas y resplandeciente de felicidad. Volvía a ser la sonriente doncella de nuestros primeros días de casados.

—Un sueño agradable, ciertamente—comentó Kobbi— ¿pero por qué sentimientos tan agradables como los que tienes han de convertirte en una sombría estatua sobre la pared?

—¡Claro que sí! Porque cuando me desperté y recordé lo vacía que estaba mi cartera, me invadió un sentimiento de rebeldía.

Hablemos de ello juntos, pues, como dicen los marineros, nosotros dos viajamos en el mismo barco. De jóvenes, íbamos juntos a los curas para aprender sabiduría. De jóvenes, compartíamos los placeres del otro. De adultos, siempre hemos sido amigos íntimos. Hemos sido súbditos satisfechos de nuestra clase. Hemos estado satisfechos de trabajar largas horas y gastar nuestras ganancias libremente. Hemos ganado muchas monedas en los años transcurridos, pero para conocer las alegrías que provienen de la riqueza, debemos soñar con ellas. ¡Bah! ¿Somos más que ovejas mudas? Vivimos en la ciudad más rica de todo el mundo. Los viajeros dicen que ninguna la iguala en riqueza. A nuestro alrededor hay mucha, pero nosotros mismos no tenemos nada. Después de media vida de duro trabajo, tú, mi mejor amigo, tienes la bolsa vacía y me dices: *¿Me prestas una bagatela como dos siclos hasta después de la fiesta de los nobles de esta noche?* Y entonces, ¿qué respondo? *¿Aquí está mi bolsa; con gusto compartiré su contenido?* No, admito que mi bolsa está tan vacía como la tuya. ¿Cuál es el problema? ¿Por qué no podemos adquirir plata y oro, más que suficiente para la comida y la ropa?

—Considerad también a nuestros hijos— continuó Bansir. —¿No están siguiendo los pasos de sus padres? ¿Es necesario que ellos y sus familias y sus hijos y las familias de sus hijos vivan toda su vida en medio de semejantes tesoreros de oro y, sin embargo, se contenten, como nosotros, con banquetes de leche de cabra agria y sobras?

—Nunca, en todos los años de nuestra amistad, habías hablado así, Bansir.

Kobbi se quedó perplejo.

—Nunca en todos estos años había pensado así. Desde el amanecer hasta que la oscuridad me detuvo, he trabajado para construir los mejores carros que un hombre pueda fabricar, esperando de corazón que algún día los dioses reconocieran mis dignas hazañas y me concedieran una gran prosperidad. Nunca lo han hecho y por fin, me doy cuenta de que nunca lo harán. Por lo tanto, mi corazón está triste. Deseo ser un hombre de recursos, deseo poseer tierras y ganado, tener ropas finas y monedas en mi monedero. Estoy dispuesto a trabajar por estas cosas con toda la fuerza de mi espalda, con toda la habilidad de mis manos, con toda la astucia de mi mente, pero deseo que mi trabajo sea justamente recompensado. ¿Qué nos pasa? ¿Por qué no podemos tener nuestra justa parte de las cosas buenas tan abundantes para aquellos que tienen el oro con el que comprarlas?

—¡Si supiera la respuesta!—respondió Kobbi.—No mejor que tú estoy satisfecho. Lo que gano con mi lira se acaba pronto y a menudo tengo que planear y maquinar para que mi familia no pase hambre. Además, dentro de mi pecho hay un profundo anhelo de una lira lo bastante grande como para que pueda cantar de verdad las melodías que surgen en mi mente. Con tal instrumento podría hacer música más fina de la que el rey haya oído nunca.

—Tal lira deberías tener. Ningún hombre en toda Babilonia podría hacerla cantar más dulcemente; no sólo el rey sino los mismos dioses estarían encantados. ¿Pero cómo puedes conseguirla mientras ambos seamos tan pobres como los esclavos del rey? ¡Escucha la campana! Ahí vienen.

Señaló la larga columna de aguadores semidesnudos y sudorosos que subían trabajosamente por la estrecha calle desde el río. Marchaban de cinco en cinco, cada uno encorvado bajo un pesado odre de agua.

—Una buena figura de hombre, el que los dirige—indicó Kobbi mientras señalaba al portador de la campana que marchaba al frente—. Un hombre prominente en su propio país, es fácil de ver.

—Hay muchas buenas figuras en la línea—convino Bansir—, tan buenos hombres como nosotros. Hombres altos y rubios del norte, negros risueños del sur, morenitos de los países más cercanos. Todos marchando juntos desde el río hasta los jardines, ida y vuelta, día tras día, año tras año. Nada de felicidad que esperar. Camas de paja para dormir y gachas de grano duro para comer. Compadécete de los pobres brutos, Kobbi.

—Me compadezco de ellos. Sin embargo, me haces ver lo poco mejor que estamos nosotros, aunque nos llamemos hombres libres.

—Esa es la verdad, Kobbi, aunque sea un pensamiento desagradable. No deseamos seguir año tras año viviendo vidas serviles. ¡Trabajando, trabajando, trabajando! Sin llegar a ninguna parte.

—¿No podríamos averiguar cómo adquieren oro los demás y hacer como ellos?— preguntó Kobbi.

—Quizá haya algún secreto que podamos descubrir si buscamos a los que lo saben— respondió Bansir, pensativo.

—Este mismo día—sugirió Kobbi—me he cruzado con nuestro viejo amigo Arkad, montado en su carro dorado. No miró por encima de mi humilde cabeza, como muchos de su posición considerarían su derecho. En lugar de eso, agitó la mano para que todos los espectadores pudieran verle saludar y dedicar su sonrisa de amistad a Kobbi, el músico.

—Se dice que es el hombre más rico de toda Babilonia— reflexionó Bansir.

—Se dice que el rey es tan rico que busca su ayuda dorada en los asuntos del tesoro— respondió Kobbi.

—Tan rico—interrumpió Bansir—que temo que si me lo encontrara en la oscuridad de la noche, pondría mis manos sobre su gorda cartera.

—Tonterías—reprendió Kobbi—, la riqueza de un hombre no está en el monedero que lleva. Un monedero gordo se vacía rápidamente si no hay una corriente de oro que lo rellene. Arkad tiene unos ingresos que mantienen constantemente llena su bolsa, por muy liberalmente que gaste.

—Ingresos, esa es la cuestión—afirmó Bansir—. Deseo unos ingresos que sigan llegando a mi monedero tanto si me siento en la muralla como si viajo a tierras lejanas. Arkad debe saber cómo puede un hombre ganarse la vida. ¿Crees que es algo que podría aclarar a una mente tan lenta como la mía?

—Creo que enseñó sus conocimientos a su hijo, Nomasir— respondió Kobbi— ¿Acaso no fue a Nínive y, según cuentan en la posada, se convirtió, sin ayuda de su padre, en uno de los hombres más ricos de esa ciudad?.

—Kobbi, esa es una extraordinaria reflexión—. Una nueva luz brilló en los ojos de Bansir—. No cuesta nada pedir un sabio consejo a un buen amigo y Arkad siempre lo fue. No importa que nuestros bolsillos estén tan vacíos como el nido del halcón de hace un año, que eso no nos detenga. Estamos cansados de estar sin oro en medio de la abundancia, deseamos convertirnos en hombres de recursos. Vamos, vayamos con Arkad y preguntemos cómo podemos adquirir ingresos para nosotros.

—Hablas con verdadera inspiración, Bansir. Traes a mi mente un nuevo entendimiento. Me haces darme cuenta de la razón por la que nunca hemos encontrado ninguna medida de riqueza, nunca la hemos buscado. Has trabajado pacientemente para construir los carros más robustos de Babilonia y a ese propósito dedicaste tus mejores esfuerzos. Por lo tanto, tuviste éxito. Me esforcé por convertirme en un hábil tañedor de lira, y lo logré.

—En aquellas cosas en las que nos esforzamos al máximo, tuvimos éxito. Los dioses se contentaron con dejarnos continuar así. Ahora, por fin, vemos una luz, brillante como la del sol naciente. Nos ordena aprender más para prosperar más. Con un nuevo entendimiento encontraremos formas honorables de cumplir nuestros deseos.

—Vayamos con Arkad hoy mismo—, instó Bansir—Además, pidamos a otros amigos de nuestra infancia, a los que no les ha ido mejor que a nosotros, que se unan a nosotros para que pueda compartir su sabiduría con ellos también.

—Siempre has pensado en tus amigos, Bansir. Por eso tienes tantos. Será como dices. Nos iremos hoy y los llevaremos con nosotros.

EL HOMBRE MÁS RICO DE BABILONIA CUENTA SU SISTEMA

En la antigua Babilonia vivía un hombre muy rico llamado Arkad que era famoso por su liberalidad tanto o más que por su gran riqueza. Era generoso en sus caridades y con su familia. Era liberal en sus propios gastos, sin embargo, cada año su riqueza aumentaba más rápidamente de lo que la gastaba.

Ciertos amigos de juventud se acercaron a él y le dijeron: —Tú, Arkad, eres más afortunado que nosotros. Te has convertido en el hombre más rico de toda Babilonia, mientras que nosotros luchamos por la existencia. Puedes vestir las mejores ropas y disfrutar de los alimentos más raros, mientras que nosotros debemos contentarnos con vestir a nuestras familias con ropas presentables y alimentarlas lo mejor que podamos.

"Sin embargo, una vez fuimos iguales. Estudiamos con el mismo maestro. Jugábamos a los mismos juegos. Y ni en los estudios ni en los juegos nos superaste. Y en los años transcurridos desde entonces, no has sido un ciudadano más honorable que nosotros.

"Tampoco, por lo que podemos juzgar, has trabajado más duro o más fielmente. ¿Por qué, entonces, un destino caprichoso te escoge a ti para disfrutar de todas las cosas buenas de la vida y nos ignora a nosotros que somos igualmente merecedores?

Entonces Arkad les reprendió diciendo:

—Si no han conseguido más que un mero sustento en los años transcurridos desde que éramos jóvenes es porque o bien no han aprendido las leyes que rigen la construcción de la riqueza, o bien no las observan.

»El "destino voluble" es una diosa viciosa que no trae ningún bien permanente a nadie. Al contrario, lleva a la ruina a casi todos los hombres a los que colma de oro inmerecido. Hace derrochadores desenfrenados, que pronto disipan todo lo que reciben y quedan acosados por apetitos y deseos abrumadores que no pueden satisfacer. Sin embargo, otros a quienes favorece se convierten en avaros y atesoran sus riquezas, temiendo gastar lo que tienen, sabiendo que no poseen la capacidad de reponerlo. Además, les acosa el miedo a los ladrones y se condenan a una vida de vacío y miseria secreta.

»Otros, probablemente los hay, que pueden tomar oro no ganado y añadirlo y continuar siendo ciudadanos felices y contentos. Pero son tan pocos que sólo los conozco de oídas. Piensa en los hombres que han heredado riquezas repentinas y ve si estas cosas no son así.

Sus amigos admitieron que, de los hombres que conocían que habían heredado riquezas, estas palabras eran ciertas, y le rogaron que les explicara cómo había llegado a poseer tantos bienes, por lo que él continuó:

—En mi juventud miré a mi alrededor y vi todas las cosas buenas que había para ser feliz y estar contento, y me di cuenta de que la riqueza aumentaba la potencia de todas ellas. La riqueza es un poder. Con riqueza muchas cosas son posibles. Se puede adornar la casa con los muebles más ricos y se puede navegar por mares lejanos. Pueden darse un festín con los manjares de tierras lejanas y comprar los adornos del orfebre y del pulidor de piedras. Se puede, incluso, construir poderosos templos para los dioses.

»Uno puede hacer todas estas cosas y muchas otras en las que hay deleite para los sentidos y gratificación para el alma, y cuando me di cuenta de todo esto me dije a mí mismo que reclamaría mi parte de las cosas buenas de la vida. No sería de los que se quedan lejos, mirando con envidia cómo disfrutan los demás. No me conformaría con vestirme con las ropas más baratas que parecieran respetables, ni me conformaría con la suerte de un pobre. Por el contrario, me convertiría en un invitado a este banquete de cosas buenas.

»Siendo, como ustedes saben, el hijo de un humilde comerciante, uno de una familia numerosa sin esperanzas de herencia, y no estando dotado, como ustedes han dicho tan francamente, de poderes o sabiduría superiores, decidí que, si quería lograr lo que deseaba, se requeriría tiempo y estudio.

»En cuanto al tiempo, todos los hombres lo tienen en abundancia. Cada uno de ustedes ha dejado pasar lo suficiente como para haberse enriquecido, sin embargo, admiten que no tienen nada que mostrar, excepto vuestras buenas familias, de las que pueden estar justamente orgullosos.

»En cuanto al estudio, ¿no nos enseñó nuestro sabio maestro que el aprendizaje era de dos clases? una consistía en las cosas que aprendíamos y sabíamos, y la otra en la formación que nos enseñaba a averiguar lo que no sabíamos.

"»Por lo tanto, decidí averiguar cómo se podía acumular riqueza, y cuando lo hubiera averiguado, hacer de esto mi tarea y hacerla bien. Porque, ¿no es sabio que disfrutemos mientras moramos en el resplandor de la luz del sol, pues suficientes penas descenderán sobre nosotros cuando partamos hacia la oscuridad del mundo del espíritu?

»Encontré empleo como escriba en la sala de los registros y trabajé largas horas cada día sobre las tablillas de arcilla. Semana tras semana, mes tras mes, trabajaba, pero no tenía nada que mostrar a cambio. La comida, la ropa, la penitencia a los dioses y otras cosas que no recordaba, absorbían todos mis ingresos. Sin embargo, mi determinación no me abandonó.

»Y un día Algamish, el prestamista de dinero, vino a la casa del maestro de la ciudad y ordenó una copia de la Novena Ley, y me dijo: *'Debo tener esto en dos días, y si la tarea está hecha para entonces, te daré dos cobres'*.

»Así que trabajé duro, pero la ley era larga, y cuando Algamish regresó la tarea estaba sin terminar. Estaba furioso, y si yo hubiera sido su esclavo me habría golpeado. Pero sabiendo que el amo de la ciudad no le permitiría herirme, no tuve miedo, así que le dije:

'Algamish, eres un hombre muy rico. Dime cómo puedo hacerme rico yo también, y toda la noche tallaré en la arcilla, y cuando salga el sol estará terminado'.

»Me sonrió y me contestó: 'Eres un bribón atrevido, pero acepto tu trato'.

»Toda aquella noche tallé, aunque me dolía la espalda y el olor de la mecha me hacía doler la cabeza hasta que los ojos apenas me dejaban ver, pero cuando regresó al amanecer las tablas estaban completas.

'Ahora', le dije, 'dime lo que prometiste'.

»Has cumplido tu parte del trato, hijo mío, y yo estoy dispuesto a cumplir la mía. Te contaré estas cosas que deseas saber porque me estoy convirtiendo en un anciano, y a una lengua vieja le gusta hablar. Y cuando la juventud acude a la edad en busca de consejo, recibe la visión de los años. Pero con demasiada frecuencia piensa la juventud que la edad sólo conoce la sabiduría de los días que se fueron, y por eso no saca provecho. Pero recuerda esto: el sol que brilla hoy es el sol que brillaba cuando nació tu padre, y seguirá brillando cuando tu último nieto pase a la oscuridad.

»Los pensamientos de la juventud son cosas brillantes que resplandecen como los meteoros que a menudo hacen brillante el cielo, pero la sabiduría de la edad es como las estrellas fijas que brillan tan inmutables que el marinero puede confiar en ellas para dirigir su rumbo.

»Fíjate bien en mis palabras, porque si no lo haces no comprenderás la verdad que te voy a decir, y pensarás que el trabajo de esta noche ha sido en vano.'

»Entonces me miró astutamente por debajo de sus desgreñadas cejas y me dijo en un tono bajo y enérgico: "Yo encontré el camino de la riqueza cuando decidí que *una parte de todo lo que ganaba era para mí*, y tú también lo harás›.

Luego siguió mirándome como si pudiera atravesarme, pero no dijo nada más.

—'¿Eso es todo?—le pregunté.

—Eso bastó para cambiar el corazón de un pastor de ovejas por el de un prestamista—respondió.

—Pero todo lo que gano es mío, ¿no es así?—pregunté.

—No lo es—respondió—. ¿No pagas al que hace la ropa? ¿No pagas al fabricante de sandalias? ¿No pagas lo que coméis? ¿Puedes vivir en Babilonia sin gastar? ¿Qué te queda de tus ganancias del mes pasado? ¿Y las del año pasado? ¡Tonto! Pagas a todos menos a ti mismo. Tonto, trabajas para otros como si fueras un esclavo y trabajaras por lo que tu amo te da de comer y vestir. Si guardaras para ti la décima parte de lo que ganas, ¿cuánto tendrías en diez años?

Mi conocimiento de los números no me abandonó, y respondí:

—Tanto como gane en un año.

—No dices más que la mitad de la verdad—replicó. Cada pieza de oro que ahorras es un esclavo que trabaja para ti. Cada cobre que ganas es su hijo que también puede ganar para ti. Si quieres ser rico, entonces lo que ahorras debe ganar, y sus hijos igual, y los hijos de sus hijos de la misma forma, para que todos puedan ayudar a darte la abundancia que anhelas.

»Crees que te engaño por tu larga noche de trabajo, pero te pago mil veces más si tienes la inteligencia de comprender la verdad que te ofrezco.

»UNA PARTE DE TODO LO QUE GANES ES TUYA. No debe ser menos de la décima parte por poco que ganes. Puede ser tanto como puedas permitirte, pero siempre deberías pagarte primero a ti mismo. No compres al fabricante de ropa ni al de sandalias más de lo que puedas pagar con el resto y aún te quede para comida, caridad y penitencia a los dioses.

»La riqueza, como un árbol, crece a partir de una pequeña semilla. El primer cobre que ahorres es la semilla de la que crecerá tu árbol de la riqueza, y cuanto antes plantes esa semilla, antes crecerá el árbol. Y cuanto más fielmente alimentes y riegues ese árbol con ahorros constantes, más pronto te deleitarás bajo su sombra.

Dicho esto, cogió sus tabletas y se marchó.

Pensé mucho en lo que me había dicho y me pareció razonable, así que decidí que lo probaría. Cada vez que me pagaban cogía una de cada diez piezas de cobre y la escondía, y por extraño que parezca, no me quedé sin fondos como antes. Noté poca diferencia, ya que me las arreglaba sin ese porcentaje, pero a menudo, a medida que mi tesoro crecía, tuve la tentación de gastarlo en alguna de las cosas que los mercaderes exhibían traídas por camellos y barcos desde la tierra de los fenicios. Pero sabiamente me abstuve.

Doce meses después de que Algamish y yo tuviéramos esa conversación, volvió de nuevo y me dijo:

—Hijo, ¿te has pagado a ti mismo no menos de la décima parte de todo lo que has ganado durante el último año?

—Si. lo he hecho—respondí con orgullo.

—Qué bien—me contestó, radiante—¿Y qué has hecho con él?

—Se lo he dado a Azmur, el fabricante de ladrillos, que me dijo que estaba viajando por los siete mares y que en Tiro compraría para mí las raras joyas de los fenicios. Cuando regrese las venderemos a altos precios y dividiremos las ganancias.

—Todo tonto debe aprender—gruñó—. Pero ¿por qué confiar en los conocimientos sobre joyas de un fabricante de ladrillos? ¿Irías al panadero para preguntarle sobre las estrellas? No, por mi túnica, irías al astrólogo, si tuvieras poder de pensar.

»Tus ahorros se han ido, joven, has arrancado de raíz tu árbol de la riqueza. Pero planta otro, inténtalo de nuevo y la próxima vez, si quieres consejo sobre joyas, ve al joyero. Si quieres saber la verdad sobre las ovejas, acude al pastor. El consejo es una cosa que se da gratuitamente, pero ten cuidado de tomar sólo lo que vale la pena. Quien acepte consejos sobre sus ahorros de alguien inexperto en tales asuntos, pagará con sus ahorros la prueba de la falsedad de sus opiniones.

Diciendo esto se marchó, y fue como él dijo, porque los fenicios son unos canallas y vendieron a Azmur trozos de vidrio sin valor que parecían gemas. Pero como Algamish me había ordenado, volví a ahorrar cada décimo de cobre, pues ya había adquirido el hábito y ya no me resultaba difícil.

Doce meses después, Algamish vino de nuevo a la sala de los escribas y se dirigió a mí.

—¿Qué progresos has hecho desde la última vez que te vi?

—Me he pagado fielmente—respondí—y mis ahorros se los he confiado a Aggar, el fabricante de escudos, para que compre bronce, y cada cuatro meses me paga el alquiler.

—Eso está bien. ¿Y qué haces con el alquiler?

—Me doy un gran banquete con miel, vino fino y pastel especiado. También me he comprado una túnica escarlata y algún día me compraré un asno joven sobre el que cabalgar.

Algamish rio.

—¿Te comes a los hijos de tus ahorros? Entonces, ¿cómo esperas que trabajen para ti? ¿Y cómo pueden tener hijos que también trabajen para ti? Primero consíguete un ejército de esclavos de oro y entonces podrás disfrutar de muchos banquetes ricos sin arrepentirte.

Dicho esto, se marchó de nuevo.

No volví a verle durante dos años, cuando regresó de nuevo con su rostro lleno de profundas arrugas y ojos caídos, pues se estaba convirtiendo en un anciano.

—Arkad, ¿has alcanzado ya la riqueza con la que soñabas?—preguntó.

—Aún no todo lo que deseo, pero algo tengo, y lo que tengo gana más, y sus ganancias ganan más.

—¿Y todavía sigues el consejo de los fabricantes de ladrillos?

—Dan buenos consejos sobre la fabricación de ladrillos— repliqué.

—Arkad—continuó—, has aprendido bien tus lecciones. Primero aprendiste a vivir con menos de lo que podías ganar. Después, aprendiste a pedir consejo a aquellos que, por su propia experiencia, estaban capacitados para darlo y por último, has aprendido a hacer que el oro trabaje para ti.

»Te has enseñado a ti mismo cómo adquirir dinero, cómo guardarlo y cómo utilizarlo. Por lo tanto, eres competente para un puesto de responsabilidad. Me estoy haciendo viejo; mis hijos sólo piensan en gastar y no dan importancia a ganar. Mis intereses son grandes y temo que sea demasiado para mí ocuparme de ellos. Si vas a Nippur y cuidas de mis tierras, te haré mi socio y compartirás mis bienes.

Así que fui a Nippur y me hice cargo de sus propiedades, que eran grandes. Y debido a que yo estaba lleno de ambición y había dominado las tres leyes del manejo exitoso de la riqueza, fui capaz de aumentar en gran medida el valor de sus propiedades. Prosperé mucho, y cuando el espíritu de Algamish partió hacia la esfera de las tinieblas, participé de sus bienes tal como él había dispuesto según la ley.

Así habló Arkad, y cuando hubo terminado su relato, uno de sus amigos dijo:

—Tuviste mucha suerte de que Algamish hiciera de ti un heredero.

—Afortunado sólo por haber tenido el deseo de prosperar antes de conocerle. Durante cuatro años, ¿no demostré mi firme propósito quedándome con la décima parte de todo lo que ganaba? ¿Llamarías afortunado a un pescador que durante años estudió de tal modo los hábitos de los peces que con cada cambio de viento podía echar sus redes sobre ellos? La oportunidad es una diosa altiva que no pierde el tiempo con los que no están preparados.

—Tuviste una gran fuerza de voluntad para seguir adelante después de perder los ahorros del primer año. En eso no eres corriente—dice otro.

—¡Fuerza de voluntad!—replicó Arkad—. Qué tontería. ¿Crees que la fuerza de voluntad da a un hombre la fuerza para levantar una carga que el camello no puede llevar, o para arrastrar una carga que los bueyes no pueden mover?

»La fuerza de voluntad no es más que el propósito inquebrantable de llevar a cabo una tarea que te has propuesto. Si me propongo una tarea, por insignificante que sea, la llevaré a cabo. Si no, ¿cómo voy a tener confianza en mí mismo para hacer cosas importantes? Si me dijera a mí mismo: *Durante cien días, al cruzar el puente hacia la ciudad, recogeré una piedrecita del camino y la arrojaré al arroyo*, lo haría. Si al séptimo día pasaba sin acordarme, no me diría: *Mañana arrojaré dos guijarros que también servirán*.

»En lugar de eso, volvería sobre mis pasos y arrojaría el guijarro. Tampoco al vigésimo día me diría: *Arkad, esto es inútil. ¿De qué te sirve echar una piedrecita cada día? Echa un puñado y ya está*. No, no diría eso ni lo haría. Cuando me propongo una tarea, la cumplo. Por eso me cuido de no empezar tareas difíciles y poco prácticas, porque amo el ocio.

—Si lo que nos cuentas es cierto—dijo otro amigo— y parece, como has dicho, razonable, si todos los hombres lo hicieran, no habría riqueza suficiente para todos.

—La riqueza crece allí donde los hombres ejercen su energía— replicó Arkad—. Si un hombre rico se construye un palacio nuevo, ¿se acaba el oro que desembolsa? No, el albañil tiene parte de él, y el obrero tiene parte de él, y el artista tiene parte de él. Y todos los que trabajan en la casa tienen parte de él. Sin embargo, cuando el palacio está terminado, ¿no vale todo lo que costó? Y el suelo sobre el que se levanta, ¿no vale más porque está allí? ¿Y no vale más el terreno contiguo por estar allí? La riqueza crece de forma mágica. Ningún hombre puede profetizar su límite. ¿No han construido los fenicios grandes ciudades en costas estériles con la riqueza que proviene de sus barcos de comercio en los mares?

—¿Qué nos aconsejas que hagamos para enriquecernos?— preguntó otro de sus amigos—. Los años han pasado y ya no somos jóvenes, no tenemos nada ahorrado.

—Les aconsejo que sigan la sabiduría de Algamish y se digan a ustedes mismos: *Una parte de todo lo que gano es para mí*. Díganlo por la mañana, cuando se levanten. Díganlo al mediodía y por la noche. Díganlo cada hora de cada día hasta que las palabras se destaquen como letras de fuego en el cielo.

»Impresiónense con la idea, llénense con el pensamiento y luego tomen la porción que les parezca prudente, que no sea menos de una décima parte, y guárdenla. Organicen sus otros gastos si es necesario, pero guarden primero esa parte. Pronto se darán cuenta de lo enriquecedor que es tener algo sobre lo que sólo ustedes tienen derecho. A medida que crezca, les estimulará y les llenará una nueva alegría de vivir. Se esforzarán más por ganar más, porque, de sus mayores ganancias, ¿no se quedarán también con el mismo porcentaje?

»Entonces aprendan a hacer que su tesoro trabaje para ustedes. Háganlo su esclavo, y hagan que sus hijos y los hijos de sus hijos trabajen para ustedes.

»Asegúrense una renta para su futuro. Miren a los ancianos y no olviden que en los días venideros ustedes también serán ancianos. Por tanto, inviertan sus tesoros con la mayor cautela para que no se pierdan. Las tasas de rendimiento usurarias son sirenas engañosas que cantan sólo para atraer a los incautos a las rocas de la pérdida y el remordimiento.

»Provean también para que sus familias no pasen necesidades en caso de que los dioses les llamen a sus reinos. Para tal protección, siempre es posible hacer provisiones con pequeños pagos a intervalos regulares. Por lo tanto, el hombre previsor no se demora esperando que una gran suma esté disponible para tan sabio propósito.

»Asesórense con hombres sabios, busquen el consejo de hombres cuyo trabajo diario sea manejar dinero y dejen que ellos les salven de un error como el que yo mismo cometí al confiar mi dinero al juicio de Azmur, el fabricante de ladrillos. Una ganancia pequeña y segura es mucho más deseable que el riesgo.

»Disfruten de la vida mientras están aquí, no se sobre esfuercen ni intenten ahorrar demasiado. Si una décima parte de todo lo que ganan es todo lo que pueden guardar cómodamente, confórmense con guardar esta porción. Por lo demás, vivan de acuerdo con sus ingresos y no sean tacaños ni tengan miedo de gastar. La vida es buena, rica en cosas que valen la pena y que hay que disfrutar.

Sus amigos le dieron las gracias y se marcharon. Algunos se quedaron callados porque no tenían imaginación y no podían entender y otros eran sarcásticos porque pensaban que alguien tan rico debía dividirse con viejos amigos no tan afortunados. Y algunos tenían en sus ojos una nueva luz, se dieron cuenta de que Algamish había vuelto a la habitación de los escribas porque estaba viendo a un hombre abrirse camino desde la oscuridad hacia la luz. Cuando ese hombre encontró la luz, le esperaba un lugar. Nadie podría ocupar ese lugar hasta que él mismo hubiera elaborado su propio entendimiento, hasta que estuviera listo para la oportunidad.

Estos últimos fueron los que, en los años siguientes, volvieron a visitar con frecuencia a Arkad, quien los recibió con gusto.

Les aconsejaba y les transmitía su sabiduría, como hacen siempre con gusto los hombres de amplia experiencia. Les ayudó a invertir sus ahorros de modo que les reportaran un buen interés con seguridad y no se perdieran ni se enredaran en inversiones que no daban dividendos.

EL PUNTO DE CAMBIO en la vida de estos hombres se produjo aquel día en que se dieron cuenta de la verdad que había llegado de Algamish a Arkad y de Arkad a ellos.

SIETE CURAS PARA UN MONEDERO FLACO

UN CUENTO DE BABILONIA

PROCLAMACIÓN REAL

PARA QUE TODOS LOS HOMBRES TENGAN RIQUEZA. Prestad atención, pueblo mío, al mandato de vuestro rey.

Babilonia, nuestra amada ciudad, es la más rica de todo el mundo y posee riquezas incalculables.

Debido a que algunos de nuestros dignos ciudadanos conocen las leyes de la riqueza, se han enriquecido enormemente. Debido a que muchos de nuestros ciudadanos no conocen las leyes de la riqueza, siguen siendo pobres.

Por tanto, para que todos mis fieles súbditos aprendan las leyes de la riqueza y puedan adquirir oro, he ordenado que se enseñe a todo mi pueblo la sabiduría de los ricos.

Sepan que yo, su rey, he reservado siete
días para dedicarlos al estudio de las leyes
de la riqueza. En el decimoséptimo día de
la primera luna ordeno a todos mis leales
súbditos que busquen a los maestros que he
designado en cada parte de nuestra ciudad,
para que todos y cada uno puedan compartir
justamente los ricos tesoros de Babilonia.

Prestad atención, pueblo mío, al
mandato de vuestro rey.

SARGÓN I.
REY DE BABILONIA

L a gloria de Babilonia perdura. A través de los siglos su reputación nos llega como la más rica de las ciudades.

Sin embargo, no siempre fue así. Las riquezas de Babilonia fueron el resultado de la sabiduría monetaria de su pueblo, quienes primero tuvieron que aprender a enriquecerse.

Alrededor del año 2800 a.C., cuando el buen rey, SARGÓN I, regresó a Babilonia tras derrotar a sus enemigos, los elamitas, se encontró ante una grave situación. El canciller real se lo explicó así al rey:

—Después de muchos años de gran prosperidad traída a nuestro pueblo porque vuestra majestad construyó los grandes canales de irrigación y los poderosos templos a los dioses, ahora que estas obras están terminadas el pueblo parece incapaz de mantenerse.

"Los obreros no tienen trabajo, los comerciantes tienen pocos clientes, los agricultores no pueden vender sus productos y la gente no tiene suficiente oro para comprar comida.

—Pero ¿dónde ha ido a parar todo el oro que gastamos en estas grandes mejoras?—preguntó el rey.

—Me temo que ha llegado a manos de unos pocos hombres muy ricos de nuestra ciudad. Se filtró entre los dedos de la mayoría de nuestra gente tan rápidamente como la leche de cabra pasa por el colador, y ahora que la corriente de oro ha dejado de fluir, la mayoría de nuestra gente ha perdido todas sus ganancias.

El Rey se quedó pensativo durante algún tiempo y luego preguntó:

—¿Por qué solo unos pocos hombres pudieron adquirir todo el oro?

—Porque saben cómo hacerlo—dijo el canciller—.

»No se puede condenar a un hombre por triunfar porque sabe cómo hacerlo, como tampoco se puede quitar con justicia a un hombre lo que se ha ganado con justicia, para dárselo a hombres de menor capacidad.

—Pero, ¿por qué no debería todo el pueblo aprender a acumular oro y, por tanto, hacerse rico y próspero?—preguntó el rey.

—Muy posible, excelencia. ¿Pero quién puede enseñarles? Ciertamente no los sacerdotes, porque no saben nada de hacer dinero.

—¿Quién es, en nuestra ciudad, el que más sabe cómo hacerse rico, canciller?—cuestionó el rey nuevamente.

—Tu pregunta se responde sola, majestad. ¿Quién ha amasado la mayor riqueza en Babilonia?

—Bien dicho, mi hábil canciller. Es Arkad, ese el hombre más rico de Babilonia. Tráelo ante mí mañana.

Al día siguiente, tal y como había decretado el rey, Arkad se presentó ante él, erguido y ágil a pesar de sus setenta años.

—Arkad— habló el Rey—. ¿Es cierto que eres el hombre más rico de Babilonia?

—Así se informa, majestad, y nadie lo discute.

—¿Cómo has llegado a ser tan rico?

—Aprovechando las oportunidades de nuestra buena ciudad que están disponibles para todos los ciudadanos.

—¿No tenías nada cuando empezaste?

—Sólo un gran deseo de riqueza. Aparte de eso, nada.

—Arkad—continuó el rey—. Nuestra ciudad se encuentra en un estado muy infeliz porque unos pocos hombres saben cómo adquirir riqueza y por lo tanto la monopolizan, mientras que la masa de nuestros ciudadanos carece del conocimiento de cómo conservar cualquier parte del oro que reciben.

»Es mi deseo que Babilonia sea la ciudad más rica del mundo, por lo tanto, debe ser una ciudad de muchos hombres ricos. Debemos enseñar a todo el pueblo cómo adquirir riquezas. Dime, Arkad, ¿existe algún secreto para adquirir riquezas? ¿Se puede enseñar?

—Es práctico, majestad. Lo que un hombre sabe, puede enseñárselo a otros.

Los ojos del rey brillaron.

—Arkad, dices las palabras que deseo oír. ¿Te prestarás a esta gran causa? ¿Enseñarás tus conocimientos a una escuela de maestros, cada uno de los cuales enseñará a otros hasta que haya suficientes capacitados para enseñar estas verdades a todo súbdito digno de mi dominio?

Arkad se inclinó y dijo:

—Soy tu humilde servidor. Cualquier conocimiento que posea lo daré con gusto para la mejora de mis semejantes y la gloria de mi rey. Que tu buen canciller disponga para mí una clase de cien hombres y les enseñaré aquellas Siete Curas que engordaron mi monedero, pues no había ninguno más magro en toda Babilonia.

Quince días después, en cumplimiento de la orden del rey, los cien elegidos se reunieron en la gran sala del templo de la enseñanza, sentados en semicírculo sobre coloridas alfombras. Arkad estaba sentado junto a un pequeño taburete sobre el que humeaba una lámpara sagrada que desprendía un olor extraño y agradable.

—He aquí al hombre más rico de Babilonia—susurró un estudiante, dando un codazo a su vecino mientras Arkad se levantaba—. No es más que un hombre, como el resto de nosotros.

—Como súbdito obediente de nuestro gran rey—, comenzó Arkad—me presento ante vosotros y me pongo a su servicio. Porque una vez fui un joven pobre que deseaba mucho el oro, y porque encontré conocimientos que me permitieron adquirirlo, él me pide que os imparta mis conocimientos.

»Comencé mi fortuna de la manera más humilde. No tuve ninguna ventaja que no disfruten tan plenamente ustedes y cada ciudadano de Babilonia.

»El primer depósito de mi tesoro lo hice en un monedero muy gastado. Detestaba su vacío inútil, deseaba que estuviera pesado, lleno, tintineando con el sonido del oro. Por lo tanto, busqué todos los remedios posibles para enmendar un monedero flaco y encontré siete.

»A ustedes, que están reunidos ante mí, les explicaré las 'siete curas para un monedero flaco', que recomiendo a todos los hombres que desean tener mucho oro. Cada día, durante siete días, les explicaré una de las siete curas.

»Escuchen atentamente los conocimientos que les impartiré. Debátanlos conmigo y discútanlo entre ustedes. Aprendan a fondo estas lecciones, para que también puedan plantar en sus propios monederos la semilla de la riqueza. Primero cada uno de ustedes debe empezar sabiamente a construir su propia fortuna. Solo entonces podrán enseñar estas verdades a otros.

»Les enseñaré de manera sencilla cómo engordar sus monederos. Este es el primer escalón que conduce al templo de la riqueza, y ningún hombre puede subir si no planta sus pies firmemente en el primer escalón.

»Ahora consideraremos la primera cura.

LA PRIMERA CURA
EMPEZAR A ENGORDAR

Arkad se dirigió a un hombre pensativo que estaba sentado en la segunda fila.

—Mi buen amigo, ¿en qué oficio trabajas?

—Yo—respondió el hombre—, soy escriba y escribo en tabli-llas de arcilla.

—Con ese trabajo yo mismo gané mis primeros cobres. Por lo tanto, tienes la misma oportunidad de construir una fortuna.

Habló con un hombre de rostro florido, sentado más atrás.

—Dime qué haces para ganarte el pan.

—Yo—respondió el hombre—, soy carnicero. Compro las cabras que crían los granjeros, las mato y vendo la carne a las amas de casa y las pieles a los fabricantes de sandalias.

—Porque tú también trabajas y ganas, tienes todas las venta-jas para triunfar que yo poseía.

De este modo procedió Arkad a averiguar cómo trabajaba cada uno para ganarse la vida. Cuando terminó de interrogarlos, dijo:

—Ahora, alumnos míos, podéis ver que hay muchos oficios y trabajos con los que los hombres pueden ganar monedas. Cada una de las formas de ganarse la vida es una corriente de oro de la que el trabajador desvía con su trabajo una parte para su propio monedero. Por lo tanto, en el monedero de cada uno de ustedes fluye una corriente de monedas grandes o pequeñas según su capacidad. ¿No es así?

Acordaron que así era.

—Entonces—continuó Arkad—, si cada uno de vosotros desea construirse una fortuna, ¿no es prudente empezar por utilizar esa fuente de riqueza que ya tiene establecida?

Así lo acordaron.

Entonces Arkad se dirigió a un humilde hombre que se había declarado mercader de huevos.

—Si seleccionas una de tus cestas y echas en ella cada mañana diez huevos y sacas de ella cada tarde nueve huevos, ¿qué ocurrirá finalmente?

—Con el tiempo no cabrán más huevos.

—¿Por qué?

—Porque cada día pongo un huevo más de los que saco.

Arkad se volvió hacia su clase con una sonrisa.

—¿Alguno de los presentes tiene un bolso flaco?

Primero parecían divertidos, luego se rieron y por último, agitaron sus carteras, en broma.

—Muy bien—continuó—, ahora les contaré el primer remedio que aprendí para curar un monedero flaco. Hagan exactamente lo que le he sugerido al mercader de huevos. Por cada diez monedas que pongan en su monedero, saquen sólo nueve. Sus monederos empezarán a engordar en seguida, su peso creciente se sentirá bien en sus manos y traerá satisfacción a sus almas.

»No se burlen de lo que digo por su sencillez. La verdad siempre es simple. Les dije que les contaría cómo construí mi fortuna, y este fue mi comienzo. Yo también llevaba un monedero flaco y lo maldecía porque no había nada dentro para satisfacer mis deseos. Pero cuando empecé a sacar de mi monedero sólo nueve partes de cada diez que metía, empezó a engordar. Lo mismo sucederá con los de ustedes.

»Ahora contaré una extraña verdad, cuya razón ignoro: cuando dejé de desembolsar más de nueve décimas partes de mis ganancias, me las arreglé igual de bien. No era más pobre que antes. Además, al poco tiempo, las monedas me llegaban con más facilidad que antes. Ciertamente, es ley de los dioses que al que guarda y no gasta cierta parte de todas sus ganancias, el oro le vendrá más fácilmente. Asimismo, el oro evita a aquel cuya bolsa está vacía.

»¿Qué es lo que más desean? ¿Es la gratificación de sus deseos de cada día, una joya, un poco de adorno, mejor vestimenta, más comida; cosas que rápidamente se van y se olvidan? ¿O son las pertenencias sustanciales, el oro, las tierras, los rebaños, las mercancías, las inversiones generadoras de ingresos? Las monedas que saquen de su monedero traen lo primero, pero las monedas que dejen en él traerán lo segundo.

»Este, alumnos míos, fue el primer remedio que descubrí para mi monedero flaco: 'por cada diez monedas que meto, gastaré sólo nueve›. Discútanlo entre ustedes, y si alguien demuestra que no es cierto, que me lo diga mañana cuando nos volvamos a ver.

LA SEGUNDA CURA
CONTROLAR LOS GASTOS

"Algunos de sus miembros, que también son mis alumnos, me han preguntado lo siguiente: '¿Cómo puede un hombre guardar la décima parte de todo lo que gana en su monedero cuando todas las monedas que gana no le alcanzan para sus gastos necesarios?" Así se dirigió Arkad a sus alumnos el segundo día.

—¿Cuántos de ustedes llevaban monederos flacos el día de ayer?

—Todos nosotros— respondió la clase.

—Sin embargo, no todos ganan lo mismo. Algunos ganan mucho más que otros, algunos tienen familias mucho más numerosas que mantener, y aun así, todos los monederos estaban igual de flacos. Ahora les diré una verdad insólita sobre los hombres y los hijos de los hombres. Es la siguiente: Lo que cada uno de nosotros llama nuestros gastos necesarios siempre crecerá hasta igualar nuestros ingresos, a menos que trabajemos en lograr lo contrario.

»No confundan sus gastos necesarios con sus deseos. Cada uno de ustedes, y sus familias, tienen más deseos de los que sus ganancias pueden satisfacer. Por lo tanto, sus ganancias se gastan para satisfacer estos deseos en la medida de lo posible. Sin embargo, conservan muchos deseos no satisfechos.

»Todos los hombres están cargados con más deseos de los que pueden satisfacer. ¿Creen que debido a mi riqueza puedo satisfacer todos mis deseos? Es una idea falsa. Mi tiempo tiene límites, al igual que hay límites para mi fuerza y para la distancia que puedo viajar. Hay límites a lo que puedo comer y al entusiasmo con el que puedo disfrutar.

»Les digo que, así como la mala hierba crece en un campo dondequiera que el labrador deja espacio para sus raíces, así también crecen libremente los deseos en los hombres dondequiera que existe la posibilidad de satisfacerlos. Sus deseos son muchos y los que pueden satisfacer son pocos.

»Estudien detenidamente sus hábitos de vida. En ellos encontrarán ciertos gastos que pueden ser sabiamente reducidos o eliminados. Que su lema sea exigir el cien por cien del valor apreciado por cada moneda gastada.

»Por tanto, graben en la arcilla cada cosa para la que deseen gastar. Seleccionen aquellas que sean necesarias y otras que sean posibles mediante el gasto de las nueve décimas partes de sus ingresos. Tachen el resto y considérenlo sólo una parte de esa gran multitud de deseos que deben quedar insatisfechos y no se arrepientan de ellos.

»Presupuesten, pues, sus gastos necesarios. No toquen la décima parte que engorda su monedero. Que sea su gran deseo el que se cumpla, sigan trabajando con su presupuesto, sigan ajustándolo para que les ayude. Conviértanlo en su primer ayudante para defender el engorde que persiguen".

En ese momento, uno de los estudiantes, vestido con una túnica roja y dorada, se levantó y dijo:

—Soy un hombre libre. Creo que tengo derecho a disfrutar de las cosas buenas de la vida y por eso me rebelo contra la esclavitud de un presupuesto que determina cuánto puedo gastar y para qué. Siento que le quitaría mucho placer a mi vida y me convertiría en poco más que un burro de carga.

A lo que Arkad respondió:

—¿Quién, amigo mío, determinaría tu presupuesto?».

—Yo lo haría—, respondió el que protestaba.

—En ese caso, si un burro de carga tuviera que presupuestar su carga, ¿incluiría en ella joyas, alfombras y pesados lingotes de oro? Pues no. Incluiría heno y grano y una bolsa de agua para el camino del desierto.

»La finalidad de un presupuesto es ayudar a engordar tu monedero, a tener tus necesidades cubiertas y, en la medida de lo posible, adquirir tus otros deseos. Es permitirte realizar tus deseos más preciados defendiéndolos de tus deseos casuales. Como una luz brillante en una cueva oscura, tu presupuesto muestra las fugas de tu monedero y te permite detenerlas y controlar tus gastos para fines definidos y gratificantes.

»Esta es, pues, la segunda cura para un monedero magro: hagan un presupuesto de sus gastos para que puedan tener monedas para pagar sus necesidades y diversiones y satisfacer sus deseos dignos sin gastar más de nueve décimas partes de sus ganancias.

LA TERCERA CURA
HAZ QUE TU ORO SE MULTIPLIQUE

"He aquí que su magro monedero está engordando. Se han disciplinado para dejar en él la décima parte de todo lo que ganan y han controlado sus gastos para proteger su creciente tesoro. A continuación, consideraremos los medios para poner su tesoro a trabajar para que aumente. Es gratificante poseer oro en una bolsa, y satisface a un alma avara, pero no gana nada. El oro que podemos retener de nuestras ganancias es sólo el comienzo. Las ganancias que produzca construirán nuestras fortunas". Así habló Arkad el tercer día a su clase.

»¿Cómo, pues, podemos poner nuestro oro a trabajar? Mi primera inversión fue desafortunada, pues lo perdí todo. Esa historia la contaré más adelante. Mi primera inversión rentable fue un préstamo a un hombre llamado Aggar, fabricante de escudos. Una vez al año compraba grandes cargamentos de bronce traídos del otro lado del mar para utilizarlos en su comercio y, a falta de capital suficiente para pagar a los mercaderes, pedía prestado a los que tenían monedas de sobra. Era un hombre honorable. Cuando vendía sus escudos, devolvía el dinero prestado y pagaba un interés generoso.

»Cada vez que le prestaba le devolvía también el interés que me había pagado. De este modo, no sólo aumentaba mi capital, sino también sus ingresos. Lo más gratificante era que estas sumas volvían a mi monedero.

»Les digo, alumnos míos, que la riqueza de un hombre no está en las monedas que lleva en su monedero; está en los ingresos que acumula, en la corriente de oro que fluye continuamente hacia su monedero y lo mantiene siempre abultado. Eso es lo que todo hombre desea. Eso es lo que ustedes, cada uno de ustedes, desean: una renta que continúe llegando tanto si trabajan como si eligen viajar.

»He adquirido grandes ingresos, tan grandes que dicen que soy un hombre muy rico. Mis préstamos a Aggar fueron mi primer entrenamiento en inversiones rentables. Adquiriendo sabiduría con esta experiencia, amplié mis préstamos e inversiones a medida que aumentaba mi capital. De unas pocas fuentes al principio, y de muchas fuentes después, fluyó a mi monedero una corriente dorada de riqueza disponible para los usos sabios que yo decidiera.

»He aquí que de mis humildes ganancias había engendrado un tesoro de esclavos de oro, cada uno de los cuales trabajaba y ganaba más oro. Como ellos trabajaban para mí, así trabajaban también sus hijos y los hijos de sus hijos, hasta que los ingresos de sus esfuerzos combinados fueron enormes.

»El oro aumenta rápidamente cuando se obtienen ganancias razonables, como verás por lo siguiente: Cuando nació su primer hijo, un granjero llevó diez monedas de plata a un prestamista y le pidió que se las diera en alquiler a su hijo hasta que cumpliera veinte años. Así lo hizo el prestamista, y acordó que el alquiler sería de un cuarto de su valor cada cuatro años. El granjero pidió que, dado que esta suma la había reservado para su hijo, el alquiler se añadiera al capital.

»Cuando el muchacho cumplió veinte años, el granjero fue de nuevo al prestamista para preguntarle por la plata. El prestamista le explicó que, como la suma había aumentado gracias al interés compuesto, las diez piezas de plata originales se habían convertido en treinta y media.

»El granjero quedó satisfecho y, como el hijo no necesitaba las monedas, se las dejó al prestamista. Cuando el hijo cumplió cincuenta años, y el padre había fallecido, el prestamista pagó al hijo en concepto de liquidación ciento sesenta y siete monedas de plata.

»Así, en cincuenta años, la inversión se había multiplicado en alquiler casi diecisiete veces.

»Este es, pues, el tercer remedio para un monedero flaco: poner cada moneda a trabajar para que reproduzca su especie como los rebaños del campo y les ayude a obtener ingresos, un torrente de riqueza que fluya constantemente hacia su monedero.

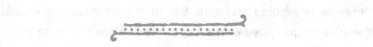

THE RICHEST MAN IN BABYLON

LA CUARTA CURA
PROTEGE TUS TESOROS DE LAS PÉRDIDAS

"La desgracia ama las cosas brillantes. El oro en la bolsa de un hombre debe guardarse con firmeza, de lo contrario se pierde. Por eso es sabio que primero nos aseguremos pequeñas cantidades y aprendamos a protegerlas antes de que los dioses nos confíen cantidades mayores". Así habló Arkad el cuarto día a su clase.

»Todo propietario de oro se ve tentado por oportunidades en las que parecería que podría ganar mayores sumas mediante su inversión en los proyectos más plausibles. A menudo, amigos y parientes entran con avidez en tales inversiones y le instan a seguirlas.

»El primer principio sólido de la inversión es la seguridad del capital. ¿Es sabio interesarse en obtener mayores ganancias cuando su capital puede perderse? Yo digo que no. La pena del riesgo es la pérdida probable. Estudien cuidadosamente cada garantía de que pueda ser recuperado con seguridad antes de desprenderse de su tesoro. No se dejen engañar por sus propios deseos románticos de enriquecerse rápidamente.

»Antes de prestárselo a nadie, asegúrense de su capacidad de reembolso y de su reputación para hacerlo, para que no le estén regalando, sin saberlo, su tesoro ganado con tanto esfuerzo.

»Antes de confiarlo como inversión en cualquier campo, infórmense de los peligros que pueden acecharlo.

»Mi primera inversión fue una tragedia para mí en aquel momento. Confié los ahorros guardados de un año a un fabricante de ladrillos llamado Azmur que viajaba por los mares lejanos y en Tiro accedió a comprar para mí las raras joyas de los fenicios. Las venderíamos a su regreso y nos repartiríamos los beneficios. Los fenicios eran unos canallas y le vendieron trozos de cristal, y mi tesoro se perdió. Hoy, mi experiencia me mostraría enseguida la locura de confiar la compra de joyas a un albañil.

»Por eso les aconsejo desde la sabiduría de mis experiencias: no confíen demasiado en su propia sabiduría al entregar sus tesoros a los posibles escollos de las inversiones. Es mejor que consulten la sabiduría de quienes tienen experiencia en el manejo del dinero con fines de lucro. Tales consejos se dan gratuitamente a quien los pide y pueden fácilmente poseer un valor igual en oro a la suma que consideran invertir. En verdad, tal es su valor real, si les salva de la pérdida.

»Este es, pues, el cuarto remedio contra la escasez de dinero, y de gran importancia si evita que sus monederos se vacíen una vez bien llenos: Protejan su tesoro de la pérdida invirtiendo sólo donde su capital esté seguro, donde pueda ser reclamado si lo desean, y donde no dejen de cobrar una renta justa. Consulten a los sabios, busquen el consejo de hombres experimentados en el manejo rentable del oro. Dejen que su sabiduría proteja tu tesoro de inversiones inseguras.

LA QUINTA CURA
HAGA DE SU VIVIENDA UNA INVERSIÓN RENTABLE

"Si un hombre reserva nueve partes de sus ganancias para vivir y disfrutar de la vida, y si alguna parte de estas nueve partes puede convertirla en una inversión rentable sin detrimento de su bienestar, tanto más rápido crecerán sus tesoros". Así habló Arkad a su clase en la quinta lección.

»Demasiados de nuestros hombres de Babilonia crían a sus familias en habitaciones indecorosas. Pagan altos alquileres a propietarios exigentes por habitaciones donde sus esposas no tienen un lugar para criar las flores que alegran el corazón de una mujer y sus hijos no tienen lugar para jugar sus juegos excepto en los callejones sucios.

»Ninguna familia puede disfrutar plenamente de la vida si no dispone de un terreno donde los niños puedan jugar en la tierra limpia y donde la esposa pueda cultivar no sólo flores, sino buenas y ricas hierbas para alimentar a su familia.

"Al corazón de un hombre le alegra comer los higos de sus propios árboles y las uvas de sus propias viñas. Ser dueño de su propio domicilio y que éste sea un lugar del que se sienta orgulloso de cuidar, infunde confianza en su corazón y un mayor esfuerzo detrás de todas sus empresas. Por eso recomiendo que todo hombre sea dueño del techo que lo cobija a él y a los suyos.

»Tampoco está más allá de la capacidad de cualquier hombre bien intencionado poseer su hogar. ¿Acaso nuestro gran rey no ha extendido tanto los muros de Babilonia que dentro de ellos hay muchas tierras sin utilizar que pueden comprarse por sumas muy razonables?

»También les digo, alumnos míos, que los prestamistas consideran con gusto los deseos de los hombres que buscan casas y tierras para sus familias. Fácilmente pueden pedir prestado para pagar al albañil y al constructor para tan loables propósitos, si pueden mostrar una porción razonable de la suma necesaria que ustedes mismos has provisto para el propósito. Entonces, cuando la casa esté construida, podrán pagar al prestamista con la misma regularidad con que pagaron al propietario, porque cada pago reducirá su deuda con el prestamista, y en unos pocos años satisfarán su préstamo.

»Entonces se alegrarán sus corazones porque poseerán por derecho propio una valiosa propiedad y su único coste serán los impuestos del rey.

»También sus buenas esposas irán más a menudo al río a lavar las ropas, para que cada vez que regresen traigan un odre de agua para verter sobre las plantas crecidas.

»Así llegan muchas bendiciones al hombre que posee su propia casa, y reducirá grandemente su costo de vida, haciendo disponible más de sus ganancias para los placeres y la gratificación de sus deseos. Este es, pues, el quinto remedio contra la escasez de dinero: tener casa propia.

LA SEXTA CURA
ASEGURARSE UNOS INGRESOS FUTUROS

"La vida de todo hombre transcurre desde su infancia hasta su vejez. Este es el camino de la vida y ningún hombre puede desviarse de él a menos que los Dioses lo llame prematuramente al mundo del más allá. Por lo tanto, digo que corresponde a un hombre prepararse para obtener unos ingresos adecuados en los días venideros, cuando ya no sea joven, y prepararse para su familia, en caso de que ya no esté con ellos, para consolarlos y mantenerlos. Esta lección les instruirá en la provisión de una bolsa llena cuando el tiempo les haya hecho menos capaces de ganar dinero". Así se dirigió Arkad a su clase el sexto día.

»El hombre que, debido a su comprensión de las leyes de la riqueza, adquiere un excedente creciente, debe pensar en esos días futuros. Debe planear ciertas inversiones o provisiones que puedan durar con seguridad por muchos años, pero que estén disponibles cuando llegue el tiempo que tan sabiamente ha anticipado.

»Hay diversas maneras por las que un hombre puede proveerse de seguridad para su futuro. Puede proporcionar un escondite y enterrar allí un tesoro secreto, sin embargo, no importa con qué habilidad se oculte, puede convertirse en botín de ladrones. Por esta razón no recomiendo este plan.

»Un hombre puede comprar casas o tierras para este propósito. Si se eligen sabiamente en cuanto a su utilidad y valor en el futuro, ya que son permanentes en su valor y sus ganancias o su venta proporcionarán bienes para su propósito.

»Un hombre puede prestar una pequeña suma al prestamista y aumentarla en períodos regulares. El interés que el prestamista añada a ésta contribuirá en gran medida a su incremento. Conozco a un fabricante de sandalias llamado Ansan que me explicó no hace mucho que cada semana durante ocho años había depositado dos piezas de plata con su prestamista. Hacía poco que el prestamista le había dado una cuenta de la que se alegró mucho. El total de sus pequeños depósitos, con su interés a la tasa habitual de un cuarto de su valor por cada cuatro años, se había convertido en mil cuarenta piezas de plata.

»Con mucho gusto le animé aún más demostrándole, con mi conocimiento de los números, que en doce años más, si mantenía sus depósitos regulares de sólo dos piezas de plata cada semana, el prestamista le debería entonces cuatro mil piezas de plata, un fondo digno para el resto de su vida.

»Sin duda, cuando un pago tan pequeño hecho con regularidad produce resultados tan provechosos, ningún hombre puede permitirse no asegurar un tesoro para su vejez y la protección de su familia, por prósperos que sean sus negocios y sus inversiones."

»Me gustaría poder decir algo más sobre esto. En mi mente descansa la creencia de que algún día los hombres sabios idearán un plan para asegurar a los hombres contra la muerte, por el cual muchos hombres paguen regularmente una suma insignificante, y el total constituya una buena suma para la familia de cada miembro que pase al más allá. Esto lo veo como algo deseable y que podría recomendar encarecidamente, pero hoy en día no es posible porque debe traspasar la vida de cualquier hombre o de cualquier sociedad para funcionar. Debe ser tan estable como el trono del Rey. Creo que algún día habrá algún plan así y será una gran bendición para muchos hombres, porque incluso el primer pequeño pago pondrá a disposición de la familia una pequeña fortuna en caso de que fallezca.

»Pero como vivimos en estos días y no en los días venideros, debemos aprovechar esos medios y maneras de cumplir nuestros propósitos. Por lo tanto, recomiendo a todos los hombres que, mediante métodos sabios y bien pensados, hagan provisiones para no tener un monedero escaso en sus años maduros. Porque un monedero escaso para un hombre que ya no puede ganar dinero o para una familia sin cabeza es una dolorosa tragedia.

»Esta es, pues, la sexta cura para un monedero magro: prever por adelantado las necesidades de su creciente edad y la protección de su familia.

LA SÉPTIMA CURA
AUMENTE SU CAPACIDAD DE GENERAR INGRESOS

"Hoy les hablo, alumnos míos, de una de las curas más vitales para un monedero flaco. Sin embargo, no hablaré de oro, sino de ustedes mismos, de los hombres bajo las túnicas de muchos colores que se sientan ante mí. Les hablaré de las cosas que hay en la mente y en la vida de los hombres y que actúan a favor o en contra de su éxito". Así se dirigió Arkad a su clase el séptimo día.

»No hace mucho vino a verme un joven que pedía un préstamo. Cuando le pregunté la causa de su necesidad, se quejó de que sus ingresos eran insuficientes para pagar sus gastos. Entonces le expliqué que, en ese caso, era un mal cliente para el prestamista, ya que no poseía un excedente de ingresos para devolver el préstamo.

»Lo que necesitas, jovencito', le dije, 'es ganar más monedas. ¿Qué haces para aumentar tu capacidad de ganar?

»Todo lo que puedo', respondió. Seis veces en dos lunas me he dirigido a mi amo para pedirle que me aumente la paga, pero sin éxito. Ningún hombre podría intentarlo más veces'.

»Podemos sonreírnos de su sencillez, pero poseía uno de los requisitos vitales para aumentar sus ingresos. En su interior había un fuerte deseo de ganar más, un deseo adecuado y encomiable.

»Antes que el logro, debe estar el deseo. Sus deseos deben ser fuertes y definidos. Los deseos generales no son más que

71

débiles anhelos. Para un hombre desear ser rico es de poco propósito. Para un hombre desear cinco piezas de oro es un deseo
tangible que él puede llevar a cabo. Después de haber conside-
rado su deseo de obtener cinco piezas de oro con el propósito
conseguirlas, puede encontrar maneras similares de obtener
diez piezas, luego veinte piezas y más tarde mil piezas, y he aquí
que se ha vuelto rico. Al aprender a lograr su pequeño deseo, se
ha entrenado a sí mismo para conseguir uno mayor. Este es el
proceso por el cual se acumula la riqueza; primero en pequeñas sumas, luego en sumas mayores a medida que el hombre
aprende y se vuelve más capaz.

»Los deseos deben ser simples y definidos. Si son demasiados, confusos o van más allá de la capacidad de cumplirlos,
frustran su propio propósito.

»A medida que el hombre se perfecciona en su vocación,
aumenta también su capacidad de ganancia. En aquellos días en
que yo era un humilde escriba que tallaba en la arcilla por unas
pocas monedas de cobre cada día, observé que otros trabajadores hacían más que yo y se les pagaba más. Por lo tanto, me
dispuse a que ninguno me superaría. Tampoco tardé en descubrir la razón de su mayor éxito. Más interés en mi trabajo, más
concentración en mi tarea, más persistencia en mi esfuerzo, y
he aquí que pocos hombres podían tallar más tablillas en un día
que yo. Mi mayor habilidad fue recompensada con razonable
prontitud, y ni siquiera fue necesario que acudiera seis veces a
mi amo para solicitar reconocimiento.

»Cuanto más sepamos, más podremos ganar. El hombre que trata de aprender más de su oficio será ricamente

recompensado. Si es un artesano, puede tratar de aprender los métodos y las herramientas de los más hábiles en la misma línea. Si se dedica a la abogacía o a la sanidad, puede consultar e intercambiar conocimientos con otros de su misma profesión. Si es comerciante, puede buscar continuamente mejores mercancías que puedan comprarse a precios más bajos.

»Los asuntos del hombre siempre cambian y mejoran porque los hombres de mente aguda buscan una mayor habilidad para poder servir mejor a aquellos de cuyo patrocinio dependen. Por lo tanto, insto a todos los hombres a estar en la primera fila del progreso y a no quedarse quietos, no sea que se queden atrás.

»Muchas cosas vienen a enriquecer la vida de un hombre con experiencias provechosas. Estas cosas son las que debe hacer un hombre si quiere respetarse a sí mismo:

»Debe pagar sus deudas con toda la prontitud y dejar de comprar aquello que no puede pagar.

»Debe cuidar de su familia para que piensen y hablen bien de él.

»Debe dejar constancia de su voluntad de que, en caso de que los dioses le llamen, se lleve a cabo una división adecuada y honorable de sus bienes.

»Debe tener compasión de los heridos o golpeados por la desgracia y ayudarles dentro de unos límites razonables. Debe realizar actos de consideración hacia sus seres queridos.

»Así pues, el séptimo y último remedio contra la escasez de dinero es cultivar sus propias facultades, estudiar y hacerse más sabio, más hábil, actuar de modo que se respeten a sí mismo. Así adquirirán confianza en ustedes mismos para realizar sus deseos cuidadosamente meditados.

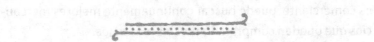

"Estas son, pues, las Siete Curas para un monedero flaco, que, para que disfruten de la experiencia de una vida larga y exitosa, les exhorto a seguir a todos los hombres que desean la riqueza.

Salgan alumnos míos, y practiquen estas cosas que les he enseñado para que prosperen y se enriquezcan como si fuera su derecho y privilegio.

Enseñen también, como nuestro buen rey ha ordenado, estas verdades siempre vivas a los suyos, para que todo súbdito honorable de su majestad conozca el camino de la riqueza y lo siga según posea la capacidad y el deseo.

Que los dioses se complazcan con sus servicios en nombre de nuestro noble rey, su representante, y les traigan a ustedes y a sus alumnos grandes éxitos y ricas recompensas".

CONOZCAN A LA DIOSA DE LA BUENA SUERTE

"Si un hombre tiene suerte, no se puede
predecir el posible alcance de su buena
fortuna. Échenlo al Éufrates y seguro que
sale nadando con una perla en la mano".
-Proverbio babilónico

El deseo de tener suerte es universal era tan fuerte en el corazón de los hombres de hace cuatro mil años en la antigua Babilonia como lo es en los corazones de los hombres de hoy. Todos esperamos ser favorecidos por la caprichosa diosa de la buena suerte.

¿Hay alguna forma de conocerla y atraer, no sólo su favorable atención, sino sus generosos favores? ¿Hay alguna forma de atraer la buena suerte?

Eso es precisamente lo que querían saber los hombres de la antigua Babilonia y es exactamente lo que decidieron averiguar. Eran hombres astutos y pensadores agudos, y eso explica por qué su ciudad se convirtió en la más rica y poderosa de su tiempo.

«Con sabiduría, el oro puede ser obtenido por aquellos que no lo tienen, como lo demuestran estas stas tres bolsas de oro».

En aquel lejano pasado, no tenían escuelas ni universidades. Sin embargo, contaban con un centro de enseñanza muy práctico. Entre las torres de Babilonia había una que tenía la misma importancia que el palacio del rey, los jardines colgantes y los templos de los dioses. En los libros de historia apenas se menciona, más bien no se menciona en absoluto, pero ejerció una poderosa influencia en el pensamiento de la época.

Este edificio era el templo de la enseñanza, donde la sabiduría del pasado era expuesta por maestros voluntarios y donde se debatían temas de interés popular en foros abiertos. Entre sus muros todos los hombres se sentaban en pie de igualdad. El más humilde de los esclavos podía discutir impunemente las opiniones de un príncipe de la casa real.

Entre los muchos que frecuentaban el Templo de la Enseñanza había un hombre rico y sabio llamado Arkad, al que llamaban el hombre más rico de Babilonia. Tenía su propia sala especial donde casi todas las noches se reunía un gran grupo de hombres, algunos viejos, otros muy jóvenes, pero la mayoría de mediana edad, para discutir y argumentar temas interesantes. Escuchemos para ver si sabían cómo atraer la buena suerte.

El sol acababa de ponerse como una gran bola roja de fuego que brillaba a través de la bruma de polvo del desierto cuando Arkad se dirigió a su acostumbrada plataforma. Ya había ochenta hombres esperando su llegada recostados en sus pequeñas alfombras extendidas en el suelo y seguían llegando más.

—¿De qué hablaremos esta noche?— preguntó Arkad.

THE RICHEST MAN IN BABYLON

Tras una breve vacilación, un alto tejedor de telas se dirigió a él, levantándose como era costumbre.

—Tengo un tema que me gustaría que se discutiera, pero dudo en ofrecerlo para que no te parezca ridículo, Arkad, y a mis buenos amigos de aquí.

Al ser instado a ofrecerlo, tanto por Arkad como por las solicitudes de los demás, continuó:

—Hoy he tenido suerte, pues he encontrado un monedero en el que hay piezas de oro. Es mi gran deseo seguir teniendo suerte, y sabiendo que todos los hombres comparten conmigo este deseo, sugiero que debatamos cómo atraer la buena suerte para que podamos descubrir formas de atraerla hacia nosotros.

—Se ha planteado un tema muy interesante— comentó Arkad— que merece nuestra discusión. Para algunos, la buena suerte no es más que un suceso fortuito que, como un accidente, puede ocurrirle a uno sin propósito ni razón.

»Otros creen que la instigadora de toda buena fortuna es nuestra diosa más generosa, Ashtar, siempre ansiosa por recompensar con generosos regalos a aquellos que la complacen. Hablen amigos míos, ¿qué les parece si buscamos los medios para que la buena suerte nos visite a todos y cada uno de nosotros?

—¡Sí! ¡Sí! ! ¡Que nos visite!— respondió el creciente grupo de ávidos oyentes.

A continuación, Arkad prosiguió:

—Para iniciar nuestro debate, escuchemos primero a aquellos de nosotros que han disfrutado de experiencias similares a la del tejedor de telas al encontrar o recibir, sin esfuerzo por su parte, valiosos tesoros o joyas.

Hubo una pausa en la que todos miraron a su alrededor esperando que alguien respondiera, pero nadie lo hizo.

—¿Qué? ¿nadie?—dijo Arkad—. Entonces debe ser muy rara esta clase de buena suerte. ¿Quién nos sugerirá ahora dónde continuar nuestra búsqueda?

—Yo lo haré—dijo un joven bien vestido, levantándose.

—Cuando un hombre habla de suerte, ¿no es natural que sus pensamientos se dirijan a las mesas de juego? ¿No es allí donde encontramos a muchos hombres cortejando el favor de la diosa con la esperanza de que les bendiga con ricas ganancias?

Cuando volvió a sentarse, una voz le gritó:

—¡No te detengas! ¡Continúa tu historia! Dinos, ¿encontraste el favor de la diosa en las mesas de juego? ¿Dio la vuelta a los cubos con la cara roja hacia arriba para que llenaras tu monedero a costa del crupier o permitió que salieran las caras azules para que el crupier se llevara tus duramente ganadas piezas de plata?.

El joven se unió a la carcajada y replicó:

—No me resisto a admitir que ella parecía no saber que yo estaba allí, pero ¿y los demás? ¿La encontraron esperando por esos lugares para hacer rodar los cubos a su favor? Estamos ansiosos tanto de oír como de aprender".

—Un buen comienzo— dijo Arkad—. Nos reunimos aquí para considerar todos los aspectos de cada cuestión. Ignorar la mesa de juego sería pasar por alto un instinto común a la mayoría de los hombres, el amor por arriesgarse con una pequeña cantidad de plata con la esperanza de ganar mucho oro.

—Eso me recuerda a las carreras de ayer— dijo otro oyente—. Si la diosa frecuenta las mesas de juego, desde luego no pasa por alto las carreras, donde los carros dorados y los caballos espumeantes ofrecen mucha más emoción.

»Dinos sinceramente, Arkad, ¿te susurró que apostaras ayer por esos caballos grises de Nínive? Estaba justo detrás de ti y apenas podía creer lo que oía cuando apostaste por los grises. Tú sabes tan bien como cualquier otro que ningún equipo en toda Asiria puede vencer a nuestros amados bayos en una carrera justa.

»¿Te susurró la diosa al oído que apostaras por los grises porque en la última curva el negro interior tropezaría e interferiría de tal modo con nuestros bahías que los grises ganarían la carrera y se anotarían una victoria inmerecida?.

Arkad sonrió indulgente ante la broma.

—¿Qué razón tenemos para pensar que la buena diosa se interesaría tanto por la apuesta de un hombre en una carrera de caballos? Para mí es una diosa de amor y dignidad cuyo placer es ayudar a los necesitados y recompensar a los merecedores. La busco, no en las mesas de juego o en las carreras donde los hombres pierden más oro del que ganan, sino en otros lugares donde las acciones de los hombres valen más la pena y son más dignas de recompensa.

»En la labranza de la tierra, en el comercio honesto, en todas las ocupaciones del hombre, existe la oportunidad de obtener un beneficio de sus esfuerzos y sus transacciones. Tal vez no sea recompensado todo el tiempo porque a veces su juicio puede ser erróneo y otras veces los vientos y el clima pueden derrotar sus esfuerzos. Sin embargo, si persiste, puede esperar obtener beneficios. Esto es así porque las posibilidades de obtener beneficios están siempre a su favor.

»Pero cuando un hombre juega la situación se invierte, porque las posibilidades de ganancia están siempre en su contra y siempre a favor del guardián del juego. El juego está organizado de tal manera que siempre favorece al que lo practica. Es su negocio en el que planea hacer un beneficio liberal para sí mismo de las monedas apostadas por los jugadores. Pocos jugadores se dan cuenta de lo seguras que son las ganancias del portero y lo inciertas que son sus propias posibilidades de ganar.

»Por ejemplo, consideremos las apuestas realizadas sobre el cubo. Cada vez que se lanza, apostamos qué lado quedará arriba. Si es la cara roja, el maestro del juego nos paga cuatro veces nuestra apuesta, pero si la cara que sale es cualquiera de las cinco, perdemos la apuesta. Así las cifras muestran que, por cada lanzamiento, tenemos cinco oportunidades de perder; pero como el rojo paga cuatro a uno, tenemos cuatro oportunidades de ganar. En una noche de juego, el maestro puede esperar quedarse con una quinta parte de todas las monedas apostadas. ¿Puede un hombre esperar ganar más que ocasionalmente contra las probabilidades dispuestas de tal manera que pierda una quinta parte de todas sus apuestas?

—Sin embargo, algunos hombres ganan a veces grandes sumas— ofreció uno de los oyentes.

—Así es— continuó Arkad—. Al darme cuenta de esto, me surge la pregunta de si el dinero conseguido de esta manera aporta un valor permanente a los que tienen esa suerte. Entre mis conocidos están muchos de los hombres de éxito de Babilonia, sin embargo, soy incapaz de nombrar a uno solo que haya comenzado su éxito de tal fuente.

—Ustedes, que están aquí reunidos esta noche, conocen a muchos más de nuestros ciudadanos importantes. Para mí sería muy interesante saber cuántos de nuestros ciudadanos de éxito pueden atribuir a las mesas de juego su comienzo en el éxito. Supongamos que cada uno de ustedes habla de los que conoce. ¿Qué dicen?

Tras un prolongado silencio, uno de los presentes se aventuró:

—¿Incluiría su investigación a los guardas de caza?

—Si no se les ocurre nadie más— respondió Arkad—. Si ninguno de ustedes puede pensar en nadie más, ¿qué hay de ustedes mismos? ¿Hay algún ganador consistente con nosotros que dude en aconsejar tal fuente para sus ingresos?

Su desafío fue respondido por una serie de gemidos procedentes de la retaguardia, recogidos y difundidos en medio de muchas risas.

—Parece que no buscamos la buena suerte en los lugares que frecuenta la diosa— continuó—. Por tanto, exploremos otros campos. No la hemos encontrado recogiendo carteras perdidas. Tampoco la hemos encontrado rondando las mesas de juego. Y en cuanto a las carreras, debo confesar que he perdido allí muchas más monedas de las que he ganado.

"Ahora, supongamos que consideramos nuestros oficios y negocios. ¿No es natural que, si concluimos una transacción provechosa, no la consideremos buena suerte, sino una justa recompensa por nuestros esfuerzos? Me inclino a pensar que podemos estar pasando por alto los dones de la diosa. Quizá realmente nos asiste cuando no apreciamos su generosidad. ¿Quién puede sugerir una discusión más a fondo?

En ese momento se levantó un anciano mercader, alisándose su gentil bata blanca.

—Con vuestro permiso, honorabilísimo Arkad y amigos míos, os ofrezco una sugerencia. Si, como habéis dicho, atribuimos a nuestra propia industria y habilidad el éxito de nuestros negocios, ¿por qué no considerar los éxitos de los que casi disfrutamos pero que se nos escaparon, sucesos que habrían sido de lo más provechosos?

»Habrían sido raros ejemplos de buena suerte si hubieran ocurrido realmente. Como no se realizaron, no podemos considerarlos como nuestras justas recompensas. Seguramente muchos hombres aquí tienen tales experiencias para relatar.

—Este es un enfoque sabio—aprobó Arkad— ¿Quién de ustedes ha tenido la buena suerte a su alcance sólo para verla escapar?

Muchas manos se alzaron, entre ellas la del mercader. Arkad le indicó que hablara.

—Ya que has sugerido este enfoque, nos gustaría escucharte primero.

—Con mucho gusto contaré una historia—continuó—que ilustra cuán cerca de un hombre puede acercarse la buena suerte y cuán ciegamente puede dejarla escapar, para su pérdida y posterior pesar.

»Hace muchos años, cuando yo era un hombre joven, recién casado y con buenos ingresos, mi padre vino un día y me instó encarecidamente a que hiciera una inversión. El hijo de uno de sus buenos amigos se había fijado en un terreno baldío no lejos de los muros exteriores de la ciudad. Estaba situada por encima del canal, donde no llegaba el agua.

»El hijo de un amigo de mi padre ideó un plan para comprar esta tierra, construir tres grandes ruedas hidráulicas que pudieran ser accionadas por bueyes y elevar así las aguas vivificantes hasta el fértil suelo. Una vez hecho esto, planeó dividirlo en pequeñas parcelas y venderlas a los residentes de la ciudad para cultivar hierbas.

»El hijo del amigo de mi padre no poseía oro suficiente para llevar a cabo semejante empresa. Como yo, era un joven que ganaba una buena suma. Su padre, como el mío, era un hombre de familia numerosa y escasos recursos. Decidió, pues, interesar a un grupo de hombres para que emprendieran la empresa con él. El grupo debía estar formado por doce personas, cada una de las cuales debía ganar dinero y comprometerse a aportar la décima parte de sus ingresos a la empresa hasta que la tierra estuviera lista para la venta. Entonces todos participarían en los beneficios en proporción a su inversión.

»Tú, hijo mío›, me dijo mi padre, ‹estás ahora en tu juventud. Es mi profundo deseo que empieces a construir un patrimonio valioso para ti, para que llegues a ser respetado entre los hombres. Deseo que te beneficies del conocimiento de los errores irreflexivos de tu padre›.

»Esto es lo que más ardientemente deseo, padre mío›, respondí.

»Entonces, esto te aconsejo. Haz lo que yo hubiera hecho a tu edad. De tus ganancias guarda una décima parte para invertirla en cosas favorables. Con esta décima parte de tus ganancias y lo que también ganará, podrás, antes de que llegues a mi edad, acumular para ti mismo un valioso patrimonio.

»Tus palabras son palabras de sabiduría, padre mío. Mucho deseo las riquezas, pero hay muchos usos para mis ganancias. Por lo tanto, dudo en hacer lo que me aconsejas. Soy joven y aún tengo mucho tiempo.

»Así pensaba yo a tu edad, pero he aquí que han pasado muchos años y aún no he hecho el principio.

»Vivimos en una época diferente, padre mío. Evitaré tus errores.

»La oportunidad está ante ti, hijo mío. Te ofrece una oportunidad que puede llevarte a la riqueza. Te lo ruego, no te demores. Ve mañana a ver al hijo de mi amigo y negocia con él el diez por ciento de tus ganancias en esta inversión. Ve cuanto antes, la oportunidad no espera a nadie. Hoy está aquí; pronto desaparecerá. Por lo tanto, ¡no te demores!

»A pesar de los consejos de mi padre, dudé. Los comerciantes de Oriente acababan de traer unas hermosas túnicas nuevas, de tal riqueza y belleza que mi buena esposa y yo sentíamos que debíamos poseerlas todas. Si accedía a pagar una décima parte de mis ganancias a la empresa, tendríamos que privarnos de estos y otros placeres que tanto deseábamos. Retrasé la decisión hasta que fue demasiado tarde, muy a mi pesar. La empresa resultó ser más rentable de lo que nadie había profetizado. Este es mi relato, en el que muestro cómo dejé escapar la buena suerte".

—En este cuento vemos cómo la buena suerte espera al hombre que acepta la oportunidad— comentó un moreno del desierto.

»Para la construcción de un patrimonio siempre tiene que haber un comienzo. Ese comienzo pueden ser unas pocas piezas de oro o plata que un hombre destina de sus ganancias a su primera inversión. Yo mismo soy propietario de muchos rebaños. El comienzo de mis rebaños fue cuando era un niño y compré con una pieza de plata un ternero joven. Esto, siendo el comienzo de mi riqueza, fue de gran importancia para mí.

»Dar el primer paso en la construcción de un patrimonio es la mejor suerte que puede tener un hombre. Ese primer paso, el que cambia a los hombres que ganan su propio trabajo a hombres que obtienen dividendos de las ganancias de su oro, es importante. Algunos, afortunadamente, lo dan cuando son jóvenes y así superan en éxito financiero a los que lo dan más tarde o a los desafortunados, como el padre de este comerciante, que nunca lo dan.

»Si nuestro amigo, el comerciante, hubiera dado este paso en su juventud, cuando se le presentó esta oportunidad, hoy sería bendecido con muchos más bienes de este mundo. Si la buena suerte de nuestro amigo, el tejedor de telas, le hace dar ese paso en este momento, no será en verdad sino el comienzo de una fortuna mucho mayor."

—¡Gracias! A mí también me gustaría hablar—dijo un desconocido de otro país y se levantó—. Soy sirio y no hablo muy bien su lengua. Me gustaría llamar a este amigo, el mercader, por su nombre. Tal vez pienses que este nombre no es educado, pero, por desgracia, no conozco vuestra palabra. Si lo llamo en sirio, no lo entenderéis. Por lo tanto, por favor, algún buen caballero que me diga el nombre correcto con el que llaman al hombre que pospone hacer aquellas cosas que podrían ser buenas para él.

—Procrastinador—dijo alguien.

—Exactamente— gritó el sirio, agitando las manos con entusiasmo—. No acepta la oportunidad cuando ella llega. Él espera, dice que ahora tiene muchos negocios y dentro de poco hablará contigo. La oportunidad, esa no esperará a un tipo tan lento. Ella piensa que, si un hombre desea tener suerte, debe ser rápido. Cualquier hombre que no da un paso rápido cuando llega la oportunidad, ese es el gran procrastinador, como nuestro amigo, este comerciante.

El mercader se levantó y se inclinó de buena gana en respuesta a las risas.

—Mi admiración para ti, forastero a nuestras puertas, que no dudas en decir la verdad.

—Y ahora escuchemos otra historia de oportunidad. ¿Quién tiene otra experiencia para nosotros?— preguntó Arkad.

—Yo, respondió un hombre de mediana edad vestido de rojo—. Soy comprador de animales, sobre todo camellos y caballos. A veces también compro ovejas y cabras. La historia que voy a relatar contará con veracidad cómo se presentó la oportunidad una noche en que menos lo esperaba. Tal vez por esta razón la dejé escapar. Juzgadlo vosotros.

»Al regresar una noche a la ciudad tras un descorazonador viaje de diez días en busca de camellos, me enfureció mucho encontrar las puertas de la ciudad cerradas y atrancadas. Mientras mis esclavos tendían nuestra tienda para pasar la noche, que parecía que íbamos a pasar con poca comida y sin agua, se me acercó un anciano campesino que, como nosotros, se encontraba encerrado fuera.

»Honorable señor›, se dirigió a mí, ‹por su aspecto, creo que es usted un comprador. Si es así, me gustaría mucho venderle el excelente rebaño de ovejas que acaban de criar. Desgraciadamente, mi buena esposa está muy enferma de fiebre y debo regresar a toda prisa. Compre mis ovejas para que mis esclavos y yo podamos montar en nuestros camellos y regresar sin demora.

»Estaba tan oscuro que no pude ver su rebaño, pero por los balidos supe que debía de ser numeroso. Después de haber perdido diez días buscando camellos que no podía encontrar, me alegré de negociar con él. En su ansiedad, fijó un precio muy razonable y acepté, sabiendo que mis esclavos podrían llevar el rebaño a las puertas de la ciudad por la mañana y venderlo con un beneficio considerable.

»Concluido el trato, llamé a mis esclavos para que trajeran antorchas y pudiéramos contar el rebaño que, según declaró el granjero, contenía novecientas. No les agobiaré, amigos míos, con una descripción de nuestra dificultad al intentar contar tantas ovejas sedientas, inquietas y revoltosas. Resultó ser una tarea imposible. Por lo tanto, informé sin rodeos al granjero que las contaría al amanecer y le pagaría entonces.

»‹Por favor, muy honorable señor›, suplicó, ‹págueme sólo dos tercios del precio esta noche para que pueda seguir mi camino. Dejaré a mi esclavo más inteligente y educado para que me ayude a hacer el recuento por la mañana. Es digno de confianza y a él puedes pagarle el resto›.

»Pero fui testarudo y me negué a hacer el pago aquella noche. A la mañana siguiente, antes de que me despertara, se abrieron las puertas de la ciudad y cuatro compradores salieron corriendo en busca de rebaños. Estaban ansiosos y dispuestos a pagar altos precios porque la ciudad estaba amenazada de asedio y no abundaban los alimentos. El viejo granjero recibió por el rebaño casi el triple del precio al que me lo había ofrecido. Así se me escapó una rara suerte».

—He aquí una historia de lo más inusual—comentó Arkad— ¿Qué sabiduría sugiere?

—La sabiduría de hacer un pago inmediatamente cuando estamos convencidos de que nuestro trato es sabio— sugirió un venerable fabricante de sillas de montar.

»Si el trato es bueno, entonces necesitas protección contra tus propias debilidades tanto como contra cualquier otro hombre. Los mortales somos cambiantes. Debo decir que somos más propensos a cambiar de opinión cuando tenemos razón que cuando nos equivocamos. Equivocados, somos obstinados. Acertados, somos propensos a vacilar y dejar escapar la oportunidad. Mi primer juicio es el mejor. Sin embargo, siempre me ha resultado difícil obligarme a seguir adelante con un buen negocio una vez hecho. Por lo tanto, como protección contra mis propias debilidades, hago un depósito rápido. Esto me ahorra arrepentimientos posteriores por la buena suerte que debería haber sido mía.

—Gracias, de nuevo me gusta hablar—. El sirio estaba de pie una vez más—. Estos cuentos se parecen mucho. Cada vez oportunidad volar lejos por la misma razón. Cada vez que vienen a procrastinador, trayendo buen plan. Cada vez dudan, no dicen, ahora es el mejor momento, lo hago rápido. ¿Cómo pueden los hombres tener éxito de esa manera?

—Sabias son tus palabras, amigo mío— respondió el comprador—. La buena suerte huyó de la dilación en estas dos historias. Sin embargo, esto no es inusual. El espíritu de la dilación está en todos los hombres. Deseamos riquezas; sin embargo, cuán a menudo cuando la oportunidad aparece ante nosotros, ese espíritu de procrastinación de nuestro interior nos insta a retrasar nuestra aceptación.

»Al escucharlo nos convertimos en nuestros peores enemigos. En mi juventud no lo sabía por esta larga palabra que nuestro amigo de Siria disfruta. Al principio creía que era mi mal juicio el que me había hecho perder muchas operaciones rentables. Más tarde se lo atribuí a mi carácter obstinado. Finalmente, lo reconocí como lo que era: un hábito de demora innecesaria donde se requería acción, acción rápida y decisiva. Cómo lo odié cuando se reveló su verdadero carácter. Con la amargura de un asno salvaje enganchado a un carro, me liberé de este enemigo de mi éxito.

—¡Gracias! Me gustaría preguntarle, Sr. Merchant—. El sirio estaba hablando—. Viste ropas finas, no como las de un hombre pobre. Habla como un hombre de éxito. Díganos, ¿escucha ahora cuando la procrastinación le susurra al oído?

—Como nuestro amigo el comprador, yo también tuve que reconocer y vencer la procrastinación— respondió el comerciante—Para mí, resultó ser un enemigo, siempre vigilando y esperando para frustrar mis logros.

»La historia que he relatado no es más que uno de los muchos ejemplos similares que podría contar para demostrar cómo me ahuyentó de mis oportunidades. No es difícil de vencer, una vez que se comprende. Ningún hombre permite de buena gana que un ladrón robe sus granos. Ni nadie permite de buen grado que un enemigo ahuyente a sus clientes y le robe sus ganancias. Cuando una vez reconocí que actos como éstos los cometía mi enemigo, con determinación lo vencí. Así debe cada hombre dominar su propio espíritu de dilación antes de que pueda esperar compartir los ricos tesoros de Babilonia.

—¿Qué dices, Arkad? Porque eres el hombre más rico de Babilonia, muchos te proclaman el más afortunado. ¿Estás de acuerdo conmigo en que ningún hombre puede alcanzar la plenitud del éxito hasta que haya aplastado por completo en su interior el espíritu de la dilación?

—Es tal como dices—admitió Arkad—. Durante mi larga vida he visto cómo generación tras generación avanzaban por las vías del comercio, la ciencia y el aprendizaje que conducen al éxito en la vida. A todos estos hombres les llegaron oportunidades. Algunos las aprovecharon y avanzaron con paso firme hacia la gratificación de sus deseos más profundos, pero la mayoría vaciló, titubeó y se quedó atrás.

Arkad se volvió hacia el tejedor.

—Tú sugeriste que debatiéramos sobre la buena suerte, oigamos lo que piensas ahora sobre el tema.

—Veo la buena suerte desde otra perspectiva. Pensaba que era algo de lo más deseable que podía sucederle a un hombre sin esfuerzo por su parte. Ahora me doy cuenta de que esos sucesos no son el tipo de cosas que uno puede atraer hacia sí.

»De nuestra conversación he aprendido que para atraer la buena suerte es necesario aprovechar las oportunidades. Por lo tanto, en el futuro, me esforzaré por aprovechar al máximo las oportunidades que se me presenten.

—Has comprendido bien las verdades expuestas en nuestra discusión— respondió Arkad—. La buena suerte, como vemos, a menudo sigue a la oportunidad, pero rara vez viene de otra manera. Nuestro amigo el mercader habría tenido mucha suerte si hubiera aceptado la oportunidad que la buena diosa le presentó. Nuestro amigo el comprador, igualmente, habría disfrutado de buena suerte si hubiera completado la compra del rebaño y vendido con tan buen beneficio.

»Hemos mantenido este debate para encontrar un medio de atraer la buena suerte hacia nosotros y creo que hemos encontrado el camino. Ambas historias ilustran cómo la buena suerte sigue a la oportunidad. Aquí reside una verdad que muchas historias similares de buena suerte, ganadas o perdidas, no podrían cambiar. La verdad es la siguiente: Se puede atraer la buena suerte aceptando la oportunidad.

»Aquellos deseosos de aprovechar las oportunidades para su mejora, atraen el interés de la buena diosa. Ella siempre está ansiosa por ayudar a aquellos que la complacen. Los hombres de acción son los que más le agradan.

"La acción te conducirá hacia los éxitos que deseas".

LAS CINCO LEYES DEL ORO

Una BOLSA cargada de oro o una tablilla de arcilla tallada con palabras de sabiduría; si pudieras elegir, ¿cuál escogerían?

A la luz parpadeante del fuego de los arbustos del desierto, los rostros bronceados de sus oyentes brillaban con interés.

—El ORO, el ORO— corearon los veintisiete.

El viejo Kalabab sonrió con complicidad.

—Escuchen— reanudó, levantando la mano—. Escuchen a los perros salvajes en la noche. Aúllan y gimen de hambre, pero denles de comer, ¿y qué hacen? Pelean y se pavonean. Luego luchan y se pavonean un poco más, sin pensar en el mañana que seguramente vendrá.

»Lo mismo ocurre con los hijos de los hombres. Si se les da a elegir entre el oro y la sabiduría, ¿qué hacen? Ignoran la sabiduría y malgastan el oro. Al día siguiente se lamentarán porque ya no tienen oro.

»El oro está reservado a quienes conocen sus leyes y las cumplen.

Kalabab se ciñó la túnica blanca sobre las piernas delgadas, pues soplaba un fresco viento nocturno.

»Porque me han servido fielmente en nuestro largo viaje, porque han cuidado bien de mis camellos, porque han trabajado sin quejarse a través de las arenas calientes del desierto, porque han luchado valientemente contra los ladrones que trataban de despojar mi mercancía, les contaré esta noche la historia de **'LAS CINCO LEYES DEL ORO'**, una historia como nunca han oído antes.

"Escuchen con profunda atención las palabras que digo, pues si captan su significado y les prestan atención, en los días venideros tendrán mucho oro".

Hizo una pausa impresionante. Arriba, en un dosel azul, las estrellas brillaban en los cielos cristalinos de Babilonia. Detrás del grupo asomaban sus descoloridas tiendas fuertemente estacionadas contra posibles tormentas del desierto. Junto a las tiendas había fardos de mercancía cuidadosamente apilados y cubiertos de pieles. Cerca, el rebaño de camellos se desperezaba en la arena, algunos masticando sus bueyes con satisfacción, otros roncando en una ronca discordia.

—Nos has contado muchas buenas historias, Kalabab— dijo el jefe de los empacadores—. Esperamos que tu sabiduría nos guíe mañana, cuando nuestro servicio contigo haya terminado.

—No he hecho más que contarles mis aventuras en tierras extrañas y lejanas, pero esta noche les hablaré de la sabiduría de Arkad, el sabio rico.

—Mucho hemos oído hablar de él— reconoció el jefe de los empaquetadores— pues fue el hombre más rico que ha vivido en Babilonia.

—El hombre más rico que fue, y eso porque era sabio en los caminos del oro, como ningún hombre lo había sido antes que él. Esta noche contaré su gran sabiduría tal como me la contó Nomasir, su hijo, hace muchos años en Nínive, cuando yo no era más que un muchacho.

»Mi amo y yo nos quedamos hasta bien entrada la noche en el palacio de Nomasir. Yo había ayudado a mi amo a traer grandes fardos de finas alfombras, cada una de las cuales debía ser probada por Nomasir hasta satisfacer su elección de colores. Por fin se sintió satisfecho y nos ordenó que nos sentáramos con él y bebiéramos una rara cosecha, olorosa para las fosas nasales y muy reconfortante para mi estómago, que no estaba acostumbrado a semejante bebida.

»Entonces, nos contó esta historia de la gran sabiduría de Arkad, su padre, tal como yo se las contaré a ustedes.

»En Babilonia es costumbre, como saben, que los hijos de padres ricos vivan con sus padres a la espera de heredar la hacienda. Arkad no aprobaba esta costumbre, por eso, cuando Nomasir llegó a la hacienda del hombre, mandó llamar al joven y se dirigió a él:

»Hijo mío, es mi deseo que seas mi sucesor. Sin embargo, primero debes demostrar que eres capaz de manejarla sabiamente, por lo tanto, deseo que salgas al mundo y demuestres tu habilidad tanto para adquirir oro como para hacerte respetar entre los hombres.

»Para que empieces bien, te daré dos cosas de las que yo mismo fui privado cuando empecé como un joven pobre a construir una fortuna.

»Primero, te doy esta bolsa de oro. Si la usas sabiamente, será la base de tu éxito futuro.

»En segundo lugar, te doy esta tablilla de arcilla en la que están grabadas **"LAS CINCO LEYES DE ORO"**. Si las interpretas en tus propios actos, te traerán beneficios y seguridad.

»Vuelve a casa de tu padre diez años a partir de hoy y da cuenta de ti. Si demuestras ser digno, te haré heredero de mis bienes. De lo contrario, la entregaré a los sacerdotes para que intercambien por mi alma la amable consideración de los dioses.

»Así que Nomasir salió para hacer su propio camino, llevando su bolsa de oro, la tablilla de arcilla cuidadosamente envuelta en tela de seda, su esclavo y los caballos en los que cabalgaban.

»Pasaron los diez años, y Nomasir, como había acordado, regresó a casa de su padre, quien ofreció un gran banquete al que invitó a muchos amigos y parientes en su honor. Una vez terminado el banquete, el padre y la madre se sentaron en sus tronos a un lado de la gran sala, y Nomasir se presentó ante ellos para dar cuenta de sí mismo, tal como había prometido a su padre.

»Era de noche. La habitación estaba empañada por el humo de las mechas de las lámparas de aceite que la iluminaban tenuemente y esclavos con chaquetas y túnicas blancas abanicaban rítmicamente el aire húmedo con hojas de palmera de tallo largo. Una majestuosa dignidad coloreaba la escena. La esposa de Nomasir y sus dos hijos pequeños, junto con amigos y otros miembros de la familia, estaban sentados en alfombras detrás de él, escuchando atentamente.

»Padre mío', comenzó con deferencia, 'me inclino ante tu sabiduría. Hace diez años, cuando me encontraba a las puertas de la madurez, me pediste que saliera y me convirtiera en un hombre entre los hombres, en lugar de seguir siendo un vasallo de tu fortuna.

»'Me diste generosamente de tu oro. Me diste generosamente de tu sabiduría. Del oro, ¡ay! debo admitir que fue un manejo desastroso. Huyó, en efecto, de mis manos inexpertas como una liebre salvaje huye a la primera oportunidad del joven que la captura'.

»El padre sonrió con indulgencia. 'Continúa, hijo mío, tu historia me interesa en todos sus detalles.'

»'Decidí ir a Nínive, pues era una ciudad en crecimiento, creyendo que allí podría encontrar oportunidades. Me uní a una caravana y entre sus miembros hice numerosos amigos. Entre ellos había dos hombres bien hablados que tenían un hermosísimo caballo blanco tan veloz como el viento.

»'Mientras viajábamos, me contaron en confianza que en Nínive había un hombre rico que poseía un caballo tan veloz que nunca había sido vencido. Su dueño creía que ningún caballo vivo podía correr con mayor velocidad. Por lo tanto, apostaba cualquier suma, por grande que fuera, a que su caballo era más veloz que cualquier otro en toda Babilonia. Comparado con su caballo, decían mis amigos, no era más que un torpe asno al que se podía vencer con facilidad.

»'Me ofrecieron, como un gran favor, permitirme unirme a ellos en una apuesta. Me dejé llevar por el plan.

»'Nuestro caballo fue maltratado y perdí gran parte de mi oro'. El padre se rio. 'Más tarde descubrí que se trataba de un plan engañoso de estos hombres y que viajaban constantemente con las caravanas en busca de víctimas. El hombre de Nínive era su socio y compartía con ellos las apuestas que ganaba. Este astuto engaño me enseñó mi primera lección para cuidar de mí mismo.

»'Pronto iba a aprender otra, igualmente amarga. En la caravana había otro joven con el que trabé amistad. Era hijo de padres ricos y, como yo, viajaba a Nínive en busca de un lugar adecuado. Poco después de nuestra llegada me dijo que un mercader había muerto y que su tienda, con sus ricas mercancías y su clientela, podía conseguirse por un precio mísero. Diciendo que seríamos socios a partes iguales, pero que primero debía regresar a Babilonia para asegurarse su oro, me convenció de que comprara las existencias con mi oro, acordando que el suyo se utilizaría más tarde para continuar nuestra empresa.

»'Retrasó mucho el viaje a Babilonia, demostrando mientras tanto ser un comprador imprudente y un derrochador insensato. Finalmente lo eché, pero no antes de que el negocio se hubiera deteriorado hasta el punto de que sólo teníamos mercancías invendibles y nada de oro para comprar otras mercancías. Sacrifiqué lo que quedaba a un israelita por una suma lamentable.

»'Pronto siguieron, te lo digo, padre mío, días amargos. Busqué empleo y no lo encontré, pues carecía de oficio o formación que me permitiera ganar dinero. Vendí mis caballos. Vendí mi esclavo. Vendí mis ropas extra para poder tener comida y un lugar donde dormir, pero cada día la sombría necesidad se agazapaba más cerca.

»'Pero en aquellos amargos días, recordé tu confianza en mí, padre mío. Me habías enviado a convertirme en un hombre, y yo estaba decidido a lograrlo.

La madre enterró el rostro y lloró en voz baja.

»'En ese momento, me acordé de la tablilla que me habías dado en la que habías grabado **"LAS CINCO LEYES DEL ORO"**. Entonces leí atentamente tus sabias palabras y comprendí que, si hubiera buscado primero la sabiduría, no habría perdido mi oro. **Aprendí de memoria cada ley, decidido a que cuando una vez más la diosa de la buena fortuna me sonriera, me guiara por la sabiduría de la edad y no por la inexperiencia de la juventud.**

»'En beneficio de ustedes que están sentados aquí esta noche, leeré la sabiduría de mi padre grabada en la tablilla de arcilla que me dio hace diez años'.

LAS CINCO LEYES DEL ORO

I. El oro viene con gusto y en cantidad creciente a cualquier hombre que ponga no menos de una décima parte de sus ganancias para crear un patrimonio para su futuro y el de su familia.

II. El oro trabaja diligente y contento para el dueño sabio que le encuentra un empleo provechoso, multiplicándose como los rebaños del campo.

III. El oro se aferra a la protección del propietario prudente que lo invierte bajo el consejo de hombres sabios en su manejo.

**IV. El oro se escapa del hombre que lo
invierte en negocios o propósitos con los
que no está familiarizado o que no son
aprobados por los expertos en su custodia.**

**V. El oro huye del hombre que quiere forzarlo a
ganancias imposibles o que sigue los consejos
seductores de embaucadores e intrigantes
o que lo confía a su propia inexperiencia y
a sus deseos románticos de inversión.**

»Estas son las cinco leyes del oro escritas por mi padre. Las proclamo como de mayor valor que el oro mismo, como lo demostraré con la continuación de mi relato.

Se enfrentó de nuevo a su padre.

»Te he hablado de la profundidad de la pobreza y la desesperación a la que me llevó mi inexperiencia.

»Sin embargo, no hay cadena de desastres que no llegue a su fin, y la mía llegó cuando conseguí empleo dirigiendo una cuadrilla de esclavos que trabajaban en la nueva muralla exterior de la ciudad.

»Aprovechando mi conocimiento de la primera ley del oro, ahorré un cobre de mis primeras ganancias, añadiéndolo a cada oportunidad hasta que tuve una pieza de plata. Fue un procedimiento lento, porque hay que vivir. Gasté a regañadientes, lo reconozco, porque estaba decidido a recuperar, antes de que terminaran los diez años, tanto oro como tú, mi Padre, me habías dado.

»Un día, el amo de esclavos con el que me había hecho muy amigo me dijo: 'Eres un joven ahorrativo que no gasta gratuitamente lo que gana. ¿Tienes oro guardado que no estés ganando?'

»'Sí', respondí, 'es mi mayor deseo acumular oro para reemplazar el que mi padre me dio y que he perdido'.

»'Es una ambición digna, te lo concedo, ¿y sabes que el oro que has ahorrado puede trabajar para ti y ganar mucho más oro?'.

»'¡Ay! mi experiencia ha sido amarga, pues el oro de mi padre ha huido de mí, y tengo mucho miedo de que el mío haga lo mismo'.

»'Si tienes confianza en mí, te daré una lección sobre el provechoso manejo del oro', respondió. 'Dentro de un año la muralla exterior estará terminada y lista para las grandes puertas de bronce que se construirán en cada entrada para proteger la ciudad de los enemigos del rey. En toda Nínive no hay metal suficiente para hacer esas puertas y el rey no ha pensado en proporcionarlo. Este es mi plan: Un grupo de nosotros reuniremos nuestro oro y enviaremos una caravana a las minas de cobre y estaño, que están lejos, y traeremos a Nínive el metal para las puertas. Cuando el rey diga: *"Construid las grandes puertas"*, sólo nosotros podremos suministrarle el metal y pagará un buen precio. Si el rey no quiere comprarnos, nosotros tendremos el metal y lo venderemos a buen precio.

»En su oferta reconocí la oportunidad de cumplir la tercera ley e invertir mis ahorros bajo la dirección de hombres sabios. No me decepcionó. Nuestro fondo común fue un éxito, y mi pequeña reserva de oro aumentó considerablemente gracias a la transacción.

»A su debido tiempo, fui aceptado como miembro de este mismo grupo en otras empresas. Eran hombres sabios en el manejo rentable del oro. Hablaban de cada plan presentado con gran cuidado, antes de entrar en él. No se arriesgaban a perder su capital o a inmovilizarlo en inversiones poco rentables de las que no pudieran recuperar su oro. Cosas tan insensatas como la carrera de caballos y la sociedad en la que yo había entrado con mi inexperiencia habrían tenido escasa consideración para ellos. Habrían señalado inmediatamente sus debilidades.

»A través de mi asociación con estos hombres, aprendí a invertir el oro de forma segura para obtener beneficios. A medida que pasaban los años, mi tesoro aumentaba más y más rápidamente. No sólo recuperé lo que había perdido, sino mucho más.

»A través de mis desgracias, mis pruebas y mi éxito, he probado una y otra vez la sabiduría de las Cinco Leyes del Oro, padre mío, y he comprobado que son ciertas en cada prueba. **Para aquel que no conoce las Cinco Leyes, el Oro no viene a menudo, y se va rápidamente. Pero al que se atiene a las Cinco Leyes, el Oro viene y trabaja como su obediente esclavo.**

Nomasir dejó de hablar e hizo un gesto a un esclavo que se encontraba al fondo de la sala. El esclavo acercó, de una en una, tres pesadas bolsas de cuero. Nomasir cogió una de ellas, la colocó en el suelo ante su padre y volvió a dirigirse a él:

»Me diste una bolsa de oro, oro de Babilonia. He aquí, en su lugar, te devuelvo una bolsa de oro de Nínive de igual peso. Un intercambio igual como todos estarán de acuerdo.

»Me diste una tablilla de arcilla inscrita con sabiduría. He aquí que, en su lugar, te devuelvo dos bolsas de oro.

»Dicho esto, tomó del esclavo las otras dos bolsas y las depositó igualmente en el suelo ante su padre.

»Esto hago para probarte, padre mío, de cuánto mayor valor considero tu sabiduría que el oro. Sin embargo, ¿quién puede medir en bolsas de oro el valor de la sabiduría? Sin sabiduría, el oro se pierde rápidamente por aquellos que lo tienen, pero con sabiduría, el oro puede ser asegurado por aquellos que no lo tienen, como lo prueban estas tres bolsas de oro.

»En verdad, padre mío, me produce la más profunda satisfacción presentarme ante ti y decir que, gracias a tu sabiduría, he podido hacerme rico y respetado ante los hombres.

»El padre puso su mano con cariño sobre la cabeza de Nomasir. Has aprendido bien tus lecciones, y soy, en verdad, afortunado de tener un hijo a quien confiar mis riquezas.

Kalabab interrumpió su relato y miró críticamente a sus oyentes.

—¿Qué significa para ustedes esta historia de Nomasir?— continuó—. ¿Quién de ustedes puede ir a su padre o al padre de su mujer y dar cuenta del sabio manejo de sus ganancias?

»Qué pensarían estos venerables hombres si les dijeran: He viajado mucho, he aprendido mucho, he trabajado mucho y he ganado mucho, pero desgraciadamente tengo poco oro. En parte lo gasté sabiamente, en parte lo gasté tontamente y mucho perdí en caminos imprudentes

»¿Todavía consideran que no es más que una inconsecuencia del destino que algunos hombres tengan mucho oro y otros nada? Entonces se equivocan.

»Los hombres logran mucho oro cuando conocen las Cinco Leyes del Oro y se atienen a ellas.

»Gracias a que aprendí estas Cinco Leyes en mi juventud y las acaté, me he convertido en un rico comerciante. No he acumulado mi riqueza por una extraña magia.

»La riqueza que viene pronto, pronto va por el mismo camino.

»La riqueza que permanece para dar disfrute y satisfacción a su dueño llega gradualmente, porque es un hijo nacido del conocimiento y del propósito persistente.

»Ganar riqueza no es más que una ligera carga para el hombre reflexivo. Soportar la carga de forma constante año tras año cumple el propósito final.

»Las Cinco Leyes del Oro te ofrecen una rica recompensa por su observancia.

»Cada una de estas Cinco Leyes es rica en significado y, para que no lo pasen por alto en la brevedad de mi relato, se las repetiré ahora. Las conozco de memoria porque en mi juventud pude ver su valor y solo me contentaría con conocerlas palabra por palabra.

LA PRIMERA LEY DEL ORO

El oro viene con gusto y en cantidad creciente a cualquier hombre que ponga no menos de una décima parte de todas sus ganancias para crear un patrimonio para su futuro y el de su familia.

Cualquier hombre que guarde una décima parte de sus ganancias de forma consistente y la invierta sabiamente, seguramente creará un patrimonio valioso que le proporcionará ingresos en el futuro y además garantizará la seguridad de su familia en caso de que sus Dioses le llamen al mundo de las tinieblas. Esta ley también dice que el oro viene alegremente a tal hombre. Puedo certificarlo en mi propia vida. Cuanto más oro acumulo, más fácilmente me llega y en mayores cantidades. El oro que guardo gana más, al igual que el tuyo, y sus ganancias ganan más, y esta es la aplicación de la primera ley.

LA SEGUNDA LEY DEL ORO

**El oro trabaja diligente y contento para el dueño
sabio que le encuentra empleo provechoso,
multiplicándose como los rebaños del campo.**

El oro, en efecto, es un trabajador dispuesto. Incluso está deseoso de multiplicarse cuando se presenta la oportunidad. A todo hombre que tiene una reserva de oro, se le presenta la oportunidad de utilizarlo de la manera más provechosa. A medida que pasan los años, se multiplica de manera sorprendente.

LA TERCERA LEY DEL ORO

**El oro se aferra a la protección del propietario
prudente que lo invierte bajo el consejo
de hombres sabios en su manejo.**

El oro, en verdad, se aferra al dueño cauteloso, así como huye del dueño descuidado. El hombre que busca el consejo de hombres sabios en el manejo del oro, pronto aprende a no poner en peligro su tesoro, sino a preservarlo con seguridad y a disfrutar con satisfacción de su constante aumento.

LA CUARTA LEY DEL ORO

**El oro se escapa del hombre que lo invierte
en negocios o fines con los que no está
familiarizado o que no son aprobados
por los expertos en su custodia.**

Al hombre que posee oro, pero no es diestro en su manejo, muchos usos le parecen muy provechosos. Con demasiada frecuencia éstos están llenos de peligro de pérdida, y si son analizados adecuadamente por hombres sabios, muestran pocas posibilidades de ganancia. Por lo tanto, el propietario inexperto de oro que confía en su propio juicio y lo invierte en negocios o propósitos con los que no está familiarizado, con demasiada frecuencia encuentra que su juicio es imperfecto, y paga con su tesoro su inexperiencia. Sabio, en verdad, es aquel que invierte sus tesoros bajo el consejo de hombres expertos en los caminos del oro.

LA QUINTA LEY DEL ORO

**El oro huye del hombre que quiere forzarlo a
ganancias imposibles o que sigue los consejos
seductores de embaucadores e intrigantes,
o que lo confía a su propia inexperiencia y a
sus deseos románticos en su inversión.**

»Al nuevo propietario de oro siempre le llegan propuestas fantasiosas que emocionan como cuentos de aventuras. Parecen dotar a su tesoro de poderes mágicos que le permitirán obtener ganancias imposibles. Sin embargo, prestad atención a los sabios, pues ellos conocen los riesgos que se esconden detrás de todo plan para hacer grandes riquezas de repente.

»No olviden a los ricos de Nínive, que no se arriesgaban a perder su capital o a inmovilizarlo en inversiones poco rentables.

»Aquí termina mi historia de 'Las Cinco Leyes del Oro'. Al contárselas les he revelado los secretos de mi propio éxito.

»Sin embargo, no son secretos sino verdades que todo hombre debe primero aprender y luego seguir si desea salir de la multitud que, como los perros salvajes, debe preocuparse cada día por la comida.

»Mañana, entraremos en Babilonia. ¡Miren! ¡Vean el fuego que arde eternamente sobre el Templo de Bel! Ya estamos a la vista de la ciudad dorada. Mañana, cada uno de vosotros tendrá oro, el oro que tan bien habrán ganado por sus fieles servicios.

»Diez años después de esta noche, ¿qué se puede decir de este oro?

»Si hay hombres entre vosotros que, como Nomasir, utilicen una parte de su oro para iniciar para sí mismos una hacienda y se guíen desde entonces sabiamente por la sabiduría de Arkad, dentro de diez años, es una apuesta segura, como el hijo de Arkad, serán ricos y respetados entre ellos.

»Nuestros actos sabios nos acompañan por la vida para agradarnos y ayudarnos. Con la misma seguridad, nuestros actos imprudentes nos siguen para atormentarnos. Por desgracia, no podemos olvidarlos. En la primera fila de los tormentos que nos persiguen, están los recuerdos de las cosas que deberíamos haber hecho, de las oportunidades que se nos presentaron y no aprovechamos.

»Ricos son los Tesoros de Babilonia, tan ricos que ningún hombre puede contar su valor en piezas de oro. Cada año se vuelven más ricos y valiosos. Como los tesoros de cada tierra, son una recompensa, una rica recompensa que espera a aquellos hombres de propósito que se determinan a asegurar su parte justa.

"En la fuerza de tus propios deseos hay un poder mágico. Guía este poder con tu conocimiento de 'Las Cinco Leyes del Oro' y compartirás *Los tesoros de Babilonia*".

«A cada persona a la que le doy prestado le solicito una prenda para mi cofre de prendas».

LA HISTORIA DEL PRESTAMISTA DE ORO DE BABILONIA

● Cincuenta PIEZAS DE ORO! Nunca antes Rodan, el fabricante de lanzas de la vieja Babilonia, había llevado tanto oro en su cartera de cuero. Caminaba alegremente por el camino real desde el palacio de su más liberal majestad. El oro tintineaba alegremente mientras la cartera al cinto se balanceaba a cada paso, la música más dulce que jamás había oído.

¡Cincuenta piezas de oro! ¡Todo suyo! Apenas podía darse cuenta de su buena fortuna. ¡Qué poder había en aquellos discos tintineantes! Con ellos podía comprar lo que quisiera, una gran casa, tierras, ganado, camellos, caballos, carros, lo que quisiera.

¿Qué uso le daría? Aquella tarde, al girar por una calle lateral en dirección a la casa de su hermana, no se le ocurrió nada que prefiriese poseer antes que aquellas mismas piezas de oro, pesadas y relucientes, que eran suyas.

Otra noche, unos días más tarde, un perplejo Rodan entró en la tienda de Mathon, el prestamista de oro y comerciante de joyas y telas raras. Sin mirar ni a derecha ni a izquierda los coloridos artículos artísticamente expuestos, pasó a la sala de estar situada en la parte trasera. Allí encontró al gentil Mathon recostado sobre una alfombra, degustando una comida servida por un esclavo de ébano.

—Me gustaría que me diera consejo, porque no sé qué hacer—. Rodan permanecía impasible, con los pies separados y el velludo pecho al descubierto por la abertura de la chaqueta de cuero.

El rostro estrecho y cetrino de Mathon sonrió con un saludo amistoso.

—¿Qué indiscreciones has cometido para buscar al prestamista de oro? ¿Has tenido mala suerte en la mesa de juego? ¿O te ha enredado alguna regordeta dama? Hace muchos años que te conozco, pero nunca me habías buscado para que te ayudara en tus problemas.

—No, no. Así no. No busco oro. En su lugar, anhelo tu sabio consejo.

—¡Escuchen! ¡Escuchen lo que dice este hombre! Nadie viene al prestamista de oro por consejo. Mis oídos deben estar jugándome una mala pasada. ¡Escuchen de verdad!

»¿Podría ser cierto? Rodan, el fabricante de lanzas, hace gala de más astucia que todos los demás, pues no acude a Mathon en busca de oro, sino de consejo. Muchos hombres vienen a mí por oro para pagar sus locuras, pero en cuanto a consejo, no lo quieren. Sin embargo, ¿quién puede aconsejar mejor que el prestamista de oro, al que acuden muchos hombres en apuros?

»Comerás conmigo, Rodan, exclamó. Serás mi invitado por esta noche.

»¡Ando!», ordenó al esclavo negro, prepara una alfombra para mi amigo Rodan, el fabricante de lanzas, que acude al prestamista de oro no en busca de oro, sino de consejo. Será mi invitado de honor. Tráele mucha comida y consíguele mi copa más grande. Escoge bien del mejor vino para que tenga satisfacción en la bebida.

Dime lo que te preocupa.

—Es el regalo del rey.

—¿El regalo del rey? ¿El rey te hizo un regalo y te da problemas? ¿Qué clase de regalo?

—Como le agradó mucho el diseño que le presenté para una nueva punta en las lanzas de la guardia real, me regaló cincuenta piezas de oro, y ahora estoy muy perplejo. Cada hora que el sol recorre el cielo, me suplican quienes quieren compartirlo conmigo.

—Eso es natural. Son más los hombres los que quieren oro que los que lo tienen, y desearían que uno que lo consigue fácilmente, lo dividiera. ¿Pero no puedes decir que no? ¿No es tu voluntad tan fuerte como tu puño?

—A muchos puedo decirles que no, pero a veces sería más fácil decirles que sí. ¿Puede uno negarse a compartir con su única hermana a la que está profundamente unido?

—Seguramente, tu propia hermana no desearía privarte de disfrutar de tu recompensa.

—Pero es por el bien de Aramán, su marido, a quien ella desea ver como un rico comerciante. Ella siente que él nunca ha tenido una oportunidad y me suplica que le preste este oro para que se convierta en un próspero mercader y me lo devuelva con sus ganancias.

—Amigo mío—continuó Mathon—es un tema digno el que traes a discusión. El oro aporta a su poseedor responsabilidad y un cambio de posición ante sus semejantes. Aporta miedo a perderlo o a que se lo arrebaten con engaños. Aporta un sentimiento de poder y capacidad para hacer el bien. También trae oportunidades en las que sus muy buenas intenciones pueden traerle dificultades.

»¿Has oído hablar del granjero de Nínive que entendía el lenguaje de los animales? No lo sé, pues no es el tipo de historia que los hombres como tú cuentan en la fragua del fundidor de bronce. Yo te la contaré, pues debes saber que el préstamo y el empréstito son algo más que el paso del oro de unas manos a otras.

»Este granjero, que entendía lo que se decían los animales, se quedaba todas las tardes en el corral para escuchar sus palabras. Una tarde oyó al buey quejarse al asno de la dureza de su suerte. Trabajo tirando del arado desde la mañana hasta la noche. No importa cuán caluroso sea el día o cuán cansadas estén mis piernas, o cómo el arco roce mi cuello, aún así debo trabajar. Pero tú eres una criatura de ocio, estás atrapado con una manta de colores y no haces más que llevar a nuestro amo adonde quiera ir. Cuando él no va a ninguna parte, tú descansas y comes hierba verde todo el día.

»El asno, a pesar de sus viciosos talones, era un buen tipo y simpatizaba con el buey. Mi buen amigo, le dijo, trabajas muy duro y me gustaría ayudar a aliviar tu suerte. Por eso te diré cómo puedes tener un día de descanso. Por la mañana, cuando el esclavo venga a llevarte al arado, túmbate en el suelo y brama mucho para que diga que estás enfermo y no puedes trabajar.

»Así que el buey siguió el consejo del asno y a la mañana siguiente el esclavo volvió a ver al granjero y le dijo que el buey estaba enfermo y no podía tirar del arado.

»Entonces, dijo el granjero, engancha el asno al arado porque hay que seguir arando.

»Durante todo aquel día, el asno, que sólo había querido ayudar a su amigo, se vio obligado a hacer la tarea del buey. Cuando llegó la noche y fue liberado del arado, tenía el corazón amargado, las piernas cansadas y el cuello dolorido donde el lazo lo había rozado.

»El granjero se quedó en el corral para escuchar.

»El buey empezó primero: Eres mi buen amigo. Gracias a tus sabios consejos he disfrutado de un día de descanso.

»Y yo, replicó el asno, soy como muchos otros tontos de corazón sencillo que comienzan a ayudar a un amigo y terminan haciendo la tarea por él. A partir de ahora, tú mismo ararás, porque he oído decir al amo que mandará llamar al carnicero si vuelves a enfermar. Ojalá lo hiciera, porque eres un holgazán. A partir de entonces no volvieron a hablarse, y así terminó su amistad. ¿Nos puedes contar la moraleja de este cuento, Rodan?

—Es un buen cuento—respondió Rodan—, pero no veo la moraleja.

—Se me ocurrió que no la encontrarías, pero está ahí y además es sencilla. Es esta: Si deseas ayudar a tu amigo, hazlo de manera que no traigas las cargas de tu amigo sobre ti.

—"No había pensado en eso. Es una sabia moraleja, no deseo asumir las cargas del marido de mi hermana, pero dime. Tú le prestas a muchos. ¿No pagan los prestatarios?

Mathon esbozó la sonrisa de quien posee un alma rica en experiencias.

—¿Podría estar bien hecho un préstamo si el prestatario no puede devolverlo? ¿No debe el prestamista ser sabio y juzgar cuidadosamente si su oro puede cumplir un propósito útil para el prestatario y volver a él una vez más, o si será malgastado por alguien incapaz de usarlo sabiamente y dejarlo sin su tesoro, y dejar al prestatario con una deuda que no puede pagar? Te mostraré las fichas de mi cofre y dejaré que te cuenten algunas de sus historias.

Entró en la habitación con un cofre tan largo como su brazo, cubierto de piel de cerdo roja y adornado con dibujos de bronce. Lo colocó en el suelo y se puso en cuclillas ante él, con ambas manos sobre la tapa.

—De cada persona a la que presto, exijo una ficha para mi cofre de fichas, que permanecerá allí hasta que se devuelva el préstamo. Cuando lo devuelven, se lo devuelvo, pero si nunca lo devuelven, siempre me recordará a alguien que no fue fiel a mi confianza.

»Los préstamos más seguros, me dice mi caja de fichas, son para aquellos cuyas posesiones tienen más valor que el préstamo que desean. Poseen tierras o joyas, o camellos, u otras cosas que podrían venderse para devolver el préstamo que desean. Algunas de las muestras que me han dado son joyas de más valor que el préstamo. Otras son promesas de que, si el préstamo no se devuelve según lo acordado, me entregarán ciertas propiedades como compensación. En este tipo de préstamos tengo la seguridad de que se me devolverá el oro con la renta correspondiente, ya que el préstamo se basa en la propiedad.

»En otra clase están los que tienen la capacidad de ganar. Son los que, como tú, trabajan o sirven y cobran. Tienen ingresos y, si son honrados y no sufren desgracias, sé que también pueden devolver el oro que les presto y la renta a la que tengo derecho. Tales préstamos se basan en el esfuerzo humano.

»Otros son los que no tienen ni propiedades ni capacidad de ganarse la vida asegurada. La vida es dura y siempre habrá quien no pueda adaptarse a ella. Y de los préstamos que les hago, aunque no sean mayores que un penique, mi caja de fichas puede censurarme en los años venideros, a menos que estén garantizados por buenos amigos del prestatario que lo conozcan honorablemente.

Mathon soltó el cierre y abrió la tapa. Rodan se inclinó hacia delante con impaciencia.

En la parte superior del cofre había una pieza de bronce sobre una tela escarlata. Mathon cogió la pieza y la acarició con afecto.

—Esto permanecerá siempre en mi baúl, ya que su dueño ha muerto en la oscuridad. La guardo como un tesoro, su ficha, y guardo su recuerdo, porque era mi buen amigo. Comerciamos juntos con mucho éxito hasta que del este trajo una mujer para casarse, hermosa, pero no como nuestras mujeres. Una criatura deslumbrante. Gastó su oro pródigamente para satisfacer sus deseos y acudió a mí angustiado cuando su oro desapareció. Le aconsejé. Le dije que le ayudaría a dominar de nuevo sus propios asuntos y juró por el signo del Gran Toro que lo haría, pero no fue así. En una pelea, ella clavó un cuchillo en el corazón que él se atrevió a darle.

—¿Y ella?—preguntó Rodan.

—Sí, claro, esto era de ella— dijo, y recogió el paño escarlata—. Con amargo remordimiento se arrojó al Éufrates. Estos dos préstamos nunca serán devueltos. El cofre te dice, Rodan, que los humanos sumidos en grandes emociones no son riesgos seguros para el prestamista de oro.

—¡Mira! Esto sí que es diferente—exclamó, y alcanzó un anillo tallado en hueso de buey—. Esto pertenece a un granjero. Compró alfombras para sus mujeres, llegaron las langostas y no tenían comida. Le ayudé y cuando llegó la nueva cosecha me lo devolvió. Más tarde vino otra vez y me habló de unas cabras extrañas en una tierra lejana, descritas por un viajero.

»Tenían un pelo tan largo, fino y suave que podían tejer alfombras más hermosas que las que se habían visto en Babilonia.

Quería un rebaño, pero no tenía dinero, así que le presté oro para que hiciera el viaje y trajera cabras. Ahora su rebaño ha comenzado a dar lana y el próximo año sorprenderá a los señores de Babilonia con las alfombras más caras que han tenido la suerte de comprar. Pronto debo devolverle su anillo.

—¿Algunos prestatarios hacen eso?—preguntó Rodan.

—Si piden prestado con fines que les devuelvan dinero, me parece bien. Pero si piden prestado por sus indiscreciones, te advierto que tengas cuidado si quieres volver a tener tu oro en la mano.

—Háblame de este—pidió Rodan, cogiendo un pesado brazalete de oro con incrustaciones de joyas de diseños poco comunes.

—A mi buen amigo le gustan las mujeres— bromeó Mathon.

—Aún soy mucho más joven que tú—replicó Rodan.

—Lo reconozco, pero esta vez sospechas romanticismo donde no lo hay. La dueña de esto es gorda y arrugada y habla tanto y dice tan poco que me vuelve loco. Antes tenían mucho dinero y eran mis buenos clientes, pero les vinieron malos tiempos. Tiene un hijo al que quiere hacer comerciante, así que acudió a mí y me pidió prestado oro para que él se convirtiera en socio del dueño de una caravana que viaja con sus camellos haciendo trueque en una ciudad con lo que compra en otra.

»Este hombre era un granuja porque dejó al pobre muchacho en una ciudad lejana sin dinero y sin amigos, marchándose temprano mientras el joven aún dormía. Tal vez cuando este joven

123

se haya hecho hombre lo pague, hasta entonces no obtengo ninguna renta por el préstamo, sólo mucha palabrería, pero admito que las joyas merecen el préstamo.

—¿Te pidió esta señora consejo sobre la conveniencia del préstamo?

—Todo lo contrario. Ella se había imaginado a su hijo como un hombre rico y poderoso de Babilonia. Sugerir lo contrario era enfurecerla, así que tuve una reprimenda justa. Conocía el riesgo que corría este muchacho inexperto, pero como ella me ofrecía seguridad, no podía rechazarla.

—Esto—continuó Mathon— agitando un trozo de cuerda de carga atada con un nudo- pertenece a Nebatur, el comerciante de camellos. Cuando quiere comprar un rebaño mayor que sus fondos, me trae este nudo y yo se lo presto según sus necesidades. Es un comerciante sabio. Confío en su buen juicio y puedo prestarle libremente. Muchos otros mercaderes de Babilonia gozan de mi confianza por su honorable comportamiento y sus fichas entran y salen con frecuencia de mi caja. Los buenos mercaderes son un activo para nuestra ciudad y me beneficia ayudarles a mantener el comercio en movimiento para que Babilonia sea próspera.

Mathon cogió un escarabajo tallado en turquesa y lo arrojó despectivamente al suelo.

—Un bicho de Egipto. Al dueño de esto no le importa si alguna vez recupero mi oro. Cuando se lo reprocho, responde: '¿Cómo voy a devolverlo si me persigue la mala suerte? Tú tienes mucho más'. Qué puedo hacer, la ficha es de su padre, un hombre digno de pocos recursos que empeñó sus tierras y su rebaño para respaldar las empresas de su hijo. El joven tuvo éxito al principio y luego se entusiasmó demasiado por conseguir grandes riquezas. Sus conocimientos eran inmaduros y sus empresas fracasaron.

»La juventud es ambiciosa. La juventud toma atajos hacia la riqueza y las cosas deseables que ésta representa. Para asegurarse riqueza rápidamente, la juventud a menudo pide prestado imprudentemente. La juventud, que nunca ha tenido experiencia, no puede darse cuenta de que la deuda sin esperanza es como un pozo profundo al que uno puede descender rápidamente y donde uno puede luchar en vano durante muchos días. Es un pozo de penas y remordimientos donde el brillo del sol se nubla y la noche se hace infeliz por el sueño intranquilo. Sin embargo, no desaconsejo el préstamo de oro. Lo aliento. Lo recomiendo si es para un propósito sabio. Yo mismo tuve mi primer éxito como comerciante con oro prestado.

»Sin embargo, ¿qué debe hacer el prestamista en un caso así? El joven se desespera y no consigue nada. Se desanima. No hace ningún esfuerzo por pagar. Mi corazón se vuelve en contra de privar al padre de su tierra y su ganado.

—Me dices muchas cosas que me interesa oír—aventuró Rodan—, pero no oigo respuesta a mi pregunta. ¿Debo prestar mis cincuenta piezas de oro al marido de mi hermana? Significan mucho para mí.

—Si el marido de tu hermana viniera a pedirme prestadas cincuenta piezas de oro, yo le preguntaría ¿para qué las quiere?

125

»Si me respondiera que desea ser comerciante como yo y dedicarse a las joyas y a los muebles ricos, le diría: '¿Qué conocimiento tienes de los caminos del comercio? ¿Sabes dónde puedes comprar al precio más bajo? ¿Sabes dónde puedes vender a un precio justo? Dime, ¿Podría responder afirmativamente a estas preguntas?

—No, no podría— admitió Rodan—. Me ha ayudado mucho en la fabricación de lanzas y ha ayudado a algunos en las tiendas.

—Entonces le diría que su propósito no es sabio. Los comerciantes deben aprender su oficio. Su ambición, aunque digna, no es práctica, por lo que no le prestaría el dinero.

»Pero supongamos que pudiera decir: 'Sí, he ayudado mucho a los comerciantes. Sé cómo viajar a Esmirna y comprar a bajo precio las alfombras que tejen las amas de casa. También conozco a muchos ricos de Babilonia a quienes puedo vendérselas con grandes ganancias', entonces yo diría: 'Tu propósito es sabio y tu ambición honorable. Te prestaré con gusto las cincuenta piezas de oro si me das la seguridad de que me las devolverás'. Pero si me dijera: 'No tengo más seguridad que la de ser un hombre honrado y pagarte bien por el préstamo', entonces le respondería: 'Atesoro mucho cada pieza de oro. Si los ladrones te lo arrebataran en tu viaje a Esmirna o te quitaran las alfombras a tu regreso, no tendrías forma de devolvérmelo y mi oro habría desaparecido.

»El oro, verás, Rodan, es la mercancía del prestamista de dinero. Es fácil de prestar. Si se presta imprudentemente, es difícil recuperarlo. El prestamista sabio no desea el riesgo de la empresa, sino la garantía de un reembolso seguro.

»Está bien ayudar a los que están en apuros. Es bueno ayudar a aquellos sobre los que el destino ha puesto una mano pesada, y está bien ayudar a los que empiezan para que progresen y se conviertan en ciudadanos valiosos. Pero la ayuda debe prestarse con sabiduría, no sea que, como el asno del granjero, en nuestro deseo de ayudar asumamos la carga que pertenece a otro.

»Otra vez me he desviado de tu pregunta, Rodan, pero escucha mi respuesta: Guarda tus cincuenta piezas de oro. Lo que tu trabajo gana para ti y lo que se te da como recompensa es tuyo y nadie puede obligarte a desprenderte de ello a menos que sea tu deseo. Si quieres prestarlo para ganar más oro, hazlo con cautela y en muchos lugares. No me gusta el oro ocioso, y menos aún el riesgo excesivo. ¿Cuántos años has trabajado como fabricante de lanzas?

—Tres en total.

—¿Cuánto, además del regalo del rey, has ahorrado?

—Tres piezas de oro.

—Cada año que has trabajado te has negado cosas buenas para ahorrar de tus ganancias una pieza de oro.

—Si, es como dices.

—Entonces podrías ahorrar cincuenta piezas de oro en cincuenta años de trabajo por tu abnegación.

—Toda una vida de trabajo sería.

—¿Piensas que tu hermana querría poner en peligro los ahorros de cincuenta años de trabajo sobre el crisol de bronce para que su marido experimente a ser comerciante?

—No, si hablara con tus palabras.

—Entonces ve a ella y dile: 'Tres años he trabajado cada día, excepto los días de ayuno, desde la mañana hasta la noche, y me he negado muchas cosas que mi corazón anhelaba. Por cada año de trabajo y abnegación tengo que mostrar una pieza de oro. Tú eres mi hermana predilecta y deseo que tu marido se dedique a negocios en los que prospere mucho. Si me presenta un plan que a mi amigo Mathon le parezca sabio y posible, le prestaré con gusto mis ahorros de todo un año para que tenga la oportunidad de demostrar que puede tener éxito'. Haz eso, te digo, y si tiene dentro de sí el alma para triunfar, podrá demostrarlo. Si fracasa, no te deberá más de lo que pueda esperar devolver algún día.

»Prestándole sabiamente puedes ayudarle a prosperar y a pagar, pero si imprudentemente no sólo pierdes tu oro sino que le ayudas a descender al pozo de la deuda donde está el dolor y la infelicidad.

Cuando Rodan quiso agradecerle sus sabios consejos, no le hizo caso, diciendo:

—El regalo del rey te enseñará mucha sabiduría. Si quieres conservar tus cincuenta piezas de oro debes ser muy discreto. Muchos usos te tentarán. Se te darán muchos consejos. Se te ofrecerán numerosas oportunidades de obtener grandes beneficios. Las historias de mi caja de fichas deberían advertirte de que, antes de dejar que ninguna pieza de oro salga de tu bolsa, te asegures de que tienes una forma segura de recuperarla. Si mi consejo te atrae, vuelve de nuevo. Te lo doy con mucho gusto.

»Antes de irte lee esto que he grabado bajo la tapa de mi caja de fichas. Se aplica por igual al prestatario y al prestamista.

LA HISTORIA DE LAS PODEROSAS MURALLAS DE BABILONIA

PRÓLOGO

Las MURALLAS DE BABILONIA fueron reconocidas por los antiguos como una de "Las Siete Maravillas del Mundo". A la reina Semiramis, que reinó alrededor del año 3000 a.C., se le atribuye la construcción de las murallas originales. Según los informes de los escritores antiguos, se estima que su altura era de unos quince o veinte metros. Estas murallas originales se mantuvieron en pie durante más de 2000 años.

Hacia el año 600 a.C., el rey Nabopolasso comenzó a reconstruir las murallas a escala gigantesca. Tras su muerte, la obra fue terminada por su hijo Nabucodonosor, de fama bíblica. En la actualidad no queda nada de estas murallas, salvo partes de los cimientos y el foso. Los arqueólogos consideran que estos últimos muros tenían una altura de al menos ciento sesenta pies, o lo que es lo mismo, la altura de un moderno edificio de oficinas de quince plantas.

Contra estos muros inexpugnables de Babilonia marcharon sucesivamente los ejércitos de Ciro, Darío, Alejandro Magno y una hueste de reyes menores.

Las murallas de Babilonia defendían sus tesoros y la vida de sus ciudadanos de fuerzas hostiles de tal magnitud. Nunca fueron conquistadas por un enemigo hostil.

«Allá arriba hay valientes defensores luchando
por proteger las murallas».

LOS PODEROSOS MUROS DE BABILONIA

El viejo Banzar, sombrío guerrero de otros tiempos, montaba guardia en el pasadizo que conducía a lo alto de las antiguas murallas de Babilonia. Arriba, valientes defensores luchaban por mantener las murallas. De ellos dependía la existencia futura de esta gran ciudad con sus cientos de miles de ciudadanos.

Por encima de las murallas llegaba el estruendo de los ejércitos atacantes, los gritos de muchos hombres, el pisoteo de miles de caballos, el estampido ensordecedor de los arietes que golpeaban las puertas de bronce.

En la calle, detrás de la puerta, descansaban los lanceros, a la espera de defender la entrada si las puertas cedían. Eran pocos para la tarea. Los principales ejércitos de Babilonia estaban con su rey, lejos, en el este, en la gran expedición contra los elamitas. Como no se preveía ningún ataque contra la ciudad durante su ausencia, las fuerzas de defensa eran escasas. Inesperadamente, desde el norte llegaron los poderosos ejércitos de los asirios. Los muros debían resistir o Babilonia estaba condenada.

Alrededor de Banzar había grandes multitudes de ciudadanos con la cara blanca, aterrorizados, buscando ansiosamente noticias de la batalla. Con silencioso temor contemplaban el flujo de heridos y muertos que eran transportados o conducidos fuera del pasadizo.

Este era el punto crucial del ataque. Después de tres días dando vueltas alrededor de la ciudad, el enemigo había lanzado de repente su gran fuerza contra esta sección y esta puerta.

Desde lo alto de la muralla, los defensores combatían las plataformas y las escalas de los atacantes con flechas, aceite quemado y, por último, lanzas, si alguno llegaba a la cima. Contra los defensores, miles de arqueros enemigos lanzaron una mortífera descarga de flechas.

El viejo Banzar tenía la posición ventajosa para las noticias. Era el más cercano al conflicto y el primero en enterarse de cada nuevo rechazo de los frenéticos atacantes.

Un anciano mercader se agolpó junto a él, con las manos paralizadas temblorosas.

—Dímelo. Dímelo—suplicaba—. No pueden entrar, mis hijos están con el buen rey. No hay nadie que proteja a mi anciana esposa. Robarán todos mis bienes. Mi comida, no dejarán nada. Somos viejos, demasiado viejos para defendernos; demasiado viejos para ser esclavos. Moriremos de hambre. Moriremos. Dime que no pueden entrar.

—Cálmate, buen mercader—respondió el guardia—. Las murallas de Babilonia son fuertes. Vuelve al bazar y dile a tu esposa que la muralla te protegerá a ti y a todas tus posesiones con tanta seguridad como protegen los ricos tesoros del rey. Mantente cerca de las murallas, no sea que te alcancen las flechas que vuelan por encima.

Una mujer con un bebé en brazos ocupó el lugar del anciano cuando éste se retiró.

—Sargento, ¿qué noticias trae de arriba? Dígame la verdad para que pueda tranquilizar a mi pobre marido. Está con fiebre por sus terribles heridas, pero insiste en su armadura y su lanza para protegerme a mí, que estoy embarazada. Dice que la lujuria vengativa de nuestros enemigos será terrible si logran irrumpir.

—Ten buen corazón, madre que eres y volverás a ser, los muros de Babilonia te protegerán a ti y a tus bebés. Son altos y fuertes. ¿No oís los gritos de nuestros valientes defensores cuando vacían las calderas de aceite ardiente sobre los escaladores?

—Sí, eso oigo y también el rugido de los arietes que martillean nuestras puertas.

—Vuelve con tu marido. Dile que las puertas son fuertes y resisten a los carneros. También que los escaladores trepan las murallas, pero para recibir la estocada de la lanza que espera. Vigila tu camino y apresúrate detrás de los edificios.

Banzar se hizo a un lado para despejar el paso a los refuerzos fuertemente armados. Mientras los escudos de bronce tintineaban y pisaban fuerte, una niña le tiró de la faja.

—Dígame por favor, soldado, ¿estamos a salvo?— suplicó—. Oigo ruidos horribles, veo a los hombres sangrando y estoy muy asustada. ¿Qué será de nuestra familia, de mamá, del hermanito y del bebé?

El viejo y sombrío combatiente parpadeó y levantó la barbilla al ver a la niña.

—No temas, pequeña— la tranquilizó—. Los muros de Babilonia te protegerán a ti, a tu madre, a tu hermanito y al bebé. La buena reina las construyó hace más de cien años para la seguridad de personas como ustedes y nunca han sido traspasados. Vuelve y dile a madre, al hermanito y al bebé que las murallas de Babilonia los protegerán y que no deben temer.

Día tras día, el viejo Banzar permanecía en su puesto y observaba cómo los refuerzos subían por el pasadizo, para quedarse allí y luchar hasta que, heridos o muertos, volvieran a bajar. A su alrededor se agolpaban sin cesar las multitudes de ciudadanos asustados, ansiosos por saber si los muros resistirían. A todos respondió con la fina dignidad de un viejo soldado. "Los muros de Babilonia los protegerán".

Durante tres semanas y cinco días el ataque se desarrolló con una violencia que apenas cesaba. La mandíbula de Banzar se endurecía cada vez más a medida que el pasadizo de atrás, mojado con la sangre de los numerosos heridos, se convertía en barro por los incesantes flujos de hombres que subían y bajaban tambaleándose. Cada día, los atacantes masacrados se amontonaban ante la muralla. Cada noche, sus camaradas los llevaban de vuelta y los enterraban.

En la quinta noche de la cuarta semana el clamor sin disminuyó y los primeros rayos de luz que iluminaban las llanuras dejaban ver grandes nubes de polvo levantadas por los ejércitos en retirada.

Los defensores lanzaron un potente grito y no había duda de su significado. Lo repitieron las tropas que esperaban detrás de las murallas y los ciudadanos en las calles. Se extendió por la ciudad con la violencia de una tormenta.

La gente salió corriendo de las casas y las calles se llenaron de una multitud palpitante. El miedo reprimido durante semanas encontró una salida en el salvaje coro de alegría. Desde lo alto de la torre del Templo de Bel estallaron las llamas de la victoria. Hacia el cielo flotaba la columna de humo azul que llevaba el mensaje a todas partes.

Las murallas de Babilonia habían rechazado una vez más a un enemigo poderoso y despiadado decidido a saquear sus ricos tesoros y a violar y esclavizar a sus ciudadanos.

Las murallas de Babilonia fueron el ejemplo más destacado en la antigüedad de la necesidad de protección del hombre. Esta necesidad es inherente a las razas humanas y es tan fuerte hoy como lo era en aquellos tiempos, pero hemos desarrollado planes más amplios y mejores para lograr el mismo propósito. Ya no necesitamos muros altos como montañas alrededor de nuestras ciudades.

Hoy en día, tras los muros inexpugnables de los seguros, las cuentas de ahorro y las inversiones fiables, podemos protegernos de las tragedias inesperadas que pueden entrar por cualquier puerta y sentarse ante cualquier chimenea.

EL CAMELLERO DE BABILONIA

Cuanta más hambre se tiene, más clara funciona la mente y más sensible se es a los olores de la comida.

Tarkad, el hijo de Azure, así lo creía. Durante dos días enteros no había probado alimento, salvo dos pequeños higos robados por encima del muro de un jardín. No pudo coger ni uno más antes de que la furiosa mujer se abalanzara sobre él y lo persiguiera calle abajo. Sus gritos aún resonaban en sus oídos mientras caminaba por el mercado, y le ayudaban a refrenar sus inquietos dedos para que no arrebataran las tentadoras frutas de las cestas de las vendedoras.

Nunca se había dado cuenta de la cantidad de comida que se traía a los mercados de Babilonia y de lo bien que olía. Al salir del mercado, se dirigió a la posada y se paseó de un lado a otro frente a la casa de comidas. Tal vez allí se encontraría con alguien a quien conociera, alguien a quien pudiera pedirle prestado un cobre que le valdría una sonrisa del antipático encargado de la posada y, con ella, una generosa ración. Sin el cobre, sabía muy bien lo mal recibido que sería.

En su abstracción, se encontró inesperadamente cara a cara con el hombre que más deseaba evitar: la alta y huesuda figura de Dabasir, el comerciante de camellos. De todos los amigos y otras personas a las que había pedido prestadas pequeñas sumas, Dabasir era el que le hacía sentir más incómodo por no cumplir sus promesas de devolverlas con prontitud.

El rostro de Dabasir se iluminó al verlo.

—¡Ja! Es Tarkad, justo a quien buscaba para que me devolviera las dos piezas de cobre que le presté hace una luna; también la pieza de plata que le presté antes. Nos conocemos bien. Puedo hacer buen uso de las monedas hoy mismo. ¿Qué dices, muchacho? ¿Qué dices?

Tarkad tartamudeó y su rostro se sonrojó. No tenía nada en su estómago vacío que lo animara a discutir con el franco Dabasir.

—Lo siento, lo siento mucho—murmuró débilmente—pero hoy no tengo ni el cobre ni la plata con los que podría pagarlo.

—Entonces consíguelo— insistió Dabasir—. Seguro que puedes hacerte con unos cobres y una pieza de plata para devolver la generosidad a un viejo amigo de tu padre que te ayudó cuando estabas necesitado.

—Es porque la mala fortuna me persigue que no puedo pagar.

—¡Mala fortuna! Culparías a los dioses de tu propia debilidad. La mala fortuna persigue a todo hombre que piensa más en pedir prestado que en devolver. Ven conmigo, muchacho, mientras como. Tengo hambre y quiero contarte un cuento.

Tarkad se estremeció ante la brutal franqueza de Dabasir, pero aquí al menos había una invitación a entrar por la codiciada puerta de la casa de comidas.

Dabasir lo empujó a un rincón alejado de la habitación, donde se sentaron sobre pequeñas alfombras.

Cuando Kauskor, el propietario, apareció sonriendo, Dabasir se dirigió a él con su habitual libertad.

—Gordo lagarto del desierto, tráeme una pata de cabra, morena con mucho jugo, y pan y todas las verduras pues tengo hambre y quiero mucha comida. No te olvides de mi amigo. Tráele una jarra de agua fría, pues el día es caluroso.

A Tarkad se le encogió el corazón. ¿Tenía que sentarse a beber agua mientras veía a aquel hombre devorar una pata de cabra entera? No dijo nada. No pensó en nada que pudiera decir.

Dabasir, sin embargo, no conocía el silencio. Sonriendo y saludando con la mano a los otros clientes, todos los cuales le conocían, continuó.

—Un viajero que acaba de regresar de Urfa me habló de cierto hombre rico que tiene un trozo de piedra cortado tan fino que se puede mirar a través de él. La colocó en la ventana de su casa para protegerla de la lluvia. Es amarilla, según cuenta este viajero, y se le permitió mirar a través de ella y todo el mundo exterior le pareció extraño y no como es en realidad. ¿Qué dices a eso, Tarkad? ¿Crees que todo el mundo podría parecerle al hombre de un color diferente del que es?

—Me atrevería a decir que sí— respondió el joven, mucho más interesado en la gorda pata de cabra colocada ante Dabasir.

—Bueno, sé que es verdad porque yo mismo he visto el mundo de un color diferente al que realmente es y la historia que voy a contar relata cómo llegué a verlo de su color correcto una vez más.

—Dabasir contará un cuento— susurró un comensal vecino a su vecino, y arrastró su alfombra cerca.

Otros comensales trajeron su comida y se amontonaron en semicírculo. Crujían ruidosamente en los oídos de Tarkad y lo rozaban con sus huesos carnosos. Sólo él estaba sin comida. Dabasir no se ofreció a compartir con él, ni siquiera le indicó un pequeño rincón del pan duro que se había roto y había caído de la bandeja al suelo.

—La historia que voy a contar—comenzó Dabasir, haciendo una pausa para morder un buen trozo de pata de cabra—se refiere a mis primeros años de vida y a cómo llegué a ser comerciante de camellos. ¿Sabe alguien que una vez fui esclavo en Siria?

Un murmullo de sorpresa recorrió el auditorio, que Dabasir escuchó con satisfacción.

—Cuando era joven—continuó Dabasir tras otra feroz embestida contra la pata de cabra—aprendí el oficio de mi padre, la fabricación de sillas de montar. Trabajé con él en su taller y tomé para mí una esposa.

»Como era joven y no muy hábil, ganaba poco, lo justo para mantener modestamente a mi excelente esposa. Ansiaba cosas buenas que no podía permitirme. Pronto descubrí que los tenderos confiaban en mí para pagar más tarde, aunque no pudiera hacerlo en ese momento.

»Siendo joven y sin experiencia, no sabía que, quien gasta más de lo que gana. está sembrando los vientos de la autoindulgencia innecesaria, de la que está seguro de cosechar los torbellinos de los problemas y la humillación. Así que satisfice mis caprichos de ropa fina y compré lujos para mi buena esposa y nuestro hogar, por encima de nuestras posibilidades.

»Pagué como pude y durante un tiempo todo fue bien. Pero con el tiempo descubrí que no podía utilizar mis ingresos tanto para vivir como para pagar mis deudas. Los acreedores empezaron a perseguirme para que pagara mis extravagantes compras y mi vida se volvió miserable. Pedía prestado a mis amigos, pero tampoco podía pagarles. Las cosas fueron de mal en peor. Mi mujer volvió con su padre y decidí abandonar Babilonia y buscar otra ciudad donde un joven pudiera tener mejores oportunidades.

»Durante dos años tuve una vida inquieta y sin éxito trabajando para comerciantes de caravanas. De ahí caí en manos de un grupo de simpáticos ladrones que recorrían el desierto en busca de caravanas desarmadas. Tales actos eran indignos del hijo de mi padre, pero yo veía el mundo a través de una piedra de color y no me daba cuenta de la degradación en la que había caído.

»Tuvimos éxito en nuestro primer viaje, capturando un rico botín de oro y sedas y valiosas mercancías. Este botín lo llevamos a Ginir y lo dilapidamos.

»La segunda vez no tuvimos tanta suerte. Justo después de nuestra captura, fuimos atacados por los lanceros de un jefe nativo a quien las caravanas pagaban por protección. Mataron a nuestros dos líderes y nos llevaron a Damasco, donde nos despojaron de nuestras ropas y nos vendieron como esclavos.

»Un jefe sirio del desierto me compró por dos monedas de plata. Con el pelo rapado y sólo un taparrabos, no me diferenciaba mucho de los demás esclavos. Como era un joven temerario, pensé que se trataba de una simple aventura, hasta que mi amo me llevó ante sus cuatro esposas y les dijo que podían tenerme como eunuco.

»Entonces, en efecto, me di cuenta de lo desesperado de mi situación. Estos hombres del desierto eran feroces y belicosos. Estaba sometido a su voluntad, sin armas ni medios para escapar.

»Temeroso me quedé, mientras aquellas cuatro mujeres me observaban. Me preguntaba si podía esperar compasión de ellas. Sira, la primera esposa, era mayor que las otras. Su rostro era impasible mientras me miraba. Me aparté de ella con poco consuelo. La siguiente era una belleza desdeñosa que me miraba con tanta indiferencia como si yo hubiera sido un gusano de la tierra. Las dos más jóvenes se rieron como si todo fuera una broma emocionante.

»Me pareció una eternidad la sentencia que me esperaba. Cada mujer parecía dispuesta a que las demás decidieran. Finalmente, Sira habló con voz fría.

»De eunucos tenemos muchos, pero de camelleros tenemos pocos y no valen para nada. Hoy mismo voy a visitar a mi madre, que está enferma de fiebre, y no hay ningún esclavo en quien confíe para guiar mi camello. Pregúntale a este esclavo si puede guiar un camello', y mi amo me preguntó:

»¿Qué sabes tú de camellos? Esforzándome por disimular mi impaciencia, respondí: Puedo hacer que se arrodillen, puedo cargarlos, puedo conducirlos en largos viajes sin cansarme. Si es necesario, puedo reparar sus arreos.

»'El esclavo habla bastante adelantado, observó mi amo. Si lo deseas, Sira, toma a este hombre como tu tierno camello.

»Así que me entregaron a Sira y aquel día conduje su camello en un largo viaje hasta su madre enferma. Aproveché la ocasión para agradecerle su intercesión y también para decirle que yo no era esclavo de nacimiento, sino hijo de un hombre libre, un honorable fabricante de sillas de montar de Babilonia. También le conté gran parte de mi historia. Sus comentarios me desconcertaron y reflexioné mucho después sobre lo que dijo:

»¿Cómo puedes llamarte hombre libre cuando tu debilidad te ha llevado a esto? Si un hombre tiene en sí mismo alma de esclavo, ¿no llegará a serlo sea cual fuere su nacimiento, igual que el agua busca su nivel? Si un hombre tiene dentro de sí el alma de un hombre libre, ¿no llegará a ser respetado y honrado en su propia ciudad a pesar de su desgracia?

»Durante más de un año fui esclavo y viví con los esclavos, pero no pude llegar a ser como uno de ellos. Un día Sira me preguntó: 'Cuando los demás esclavos pueden mezclarse y disfrutar de la compañía de los demás, ¿por qué te sientas solo en tu tienda?

»A lo que respondí: 'Estoy reflexionando sobre lo que me has dicho. Me pregunto si tengo alma de esclavo. No puedo unirme a ellos, así que debo sentarme aparte.

»Yo también debo sentarme aparte, me confió. Mi dote era grande y mi señor se casó conmigo por eso. Sin embargo, él no me desea. Lo que toda mujer anhela es ser deseada. Por eso, y porque soy estéril y no tengo ni hijo ni hija, debo permanecer apartada. Si fuera hombre, preferiría morir antes que ser una esclava así, pero las convenciones de nuestra tribu hacen esclavas a las mujeres.

»¿Qué piensas de mí ahora? le pregunté de repente. ¿Tengo alma de hombre o de esclavo?

»¿Quieres pagar las justas deudas que tienes en Babilonia?, replicó. Sí, tengo el deseo, pero no veo la manera, me dijo..

»Si dejas que pasen los años y no te esfuerzas por pagar, no tienes más que el alma despreciable de un esclavo. No hay hombre que no pueda respetarse a sí mismo y no hay hombre que pueda respetarse a sí mismo si no paga sus deudas honradamente.

»Pero, ¿qué puedo hacer yo que soy esclavo en Siria? Quédate como esclavo en Siria, debilucho, contestó.

»No soy un debilucho, negué acaloradamente. Entonces pruébalo, vino su respuesta. ¿Cómo?, insistí.

»¿No lucha tu gran rey contra sus enemigos de todas las maneras que puede y con todas las fuerzas que tiene? Tus deudas son tus enemigos. Te echaron de Babilonia, los dejaste solos y se hicieron demasiado fuertes. Si hubieras luchado contra ellos como un hombre, habrías podido vencerlos, y he aquí que tu orgullo ha decaído hasta convertirte en un esclavo en Siria.

»Mucho pensé en sus acusaciones poco amables y muchas frases defensivas redacté para probar que no era una esclava de corazón, pero no iba a tener la oportunidad de usarlas. Tres días después, la criada de Sira me llevó ante su ama.

»'Mi madre está otra vez muy enferma', dijo. 'Ensilla los dos mejores camellos del rebaño de mi marido. Átate pieles de agua y alforjas para un largo viaje. La doncella te dará de comer en la cocina". Empaqué los camellos con gran asombro por la cantidad de provisiones que me proporcionó la doncella, pues la madre vivía a menos de un día de camino. La doncella montó el camello de atrás, que yo seguí, y yo conduje el camello de mi ama. Cuando llegamos a casa de su madre, acababa de oscurecer. Sira despidió a la criada y me dijo: Dabasir, ¿tienes alma de hombre libre o de esclavo?

»Tengo el alma de un hombre libre', insistí.

»Ahora es tu oportunidad de probarlo. Tu amo ha bebido mucho y sus jefes están en estado de estupor. Toma estos camellos y escapa, en esta bolsa hay ropa de tu amo para disfrazarte.

Diré que robaste los camellos y huiste mientras yo visitaba a mi madre enferma.

»'Tienes alma de reina', le dije. 'Mucho deseo poder llevarte a la felicidad.

»'La felicidad', respondió ella, 'no espera a la esposa fugitiva que la busca en tierras lejanas entre gente extraña. Sigue tu camino y que los dioses del desierto te protejan, porque el camino es largo y sin comida ni agua'.

»No necesité más que darle las gracias y me adentré en la noche. No conocía este extraño país y sólo tenía una vaga idea de la dirección en que se hallaba Babilonia, pero atravesé valientemente el desierto en dirección a las colinas. Yo montaba un camello y conducía el otro. Viajé toda aquella noche y todo el día siguiente, urgido por el conocimiento del terrible destino de los esclavos que robaban la propiedad de su amo e intentaban escapar.

»A última hora de la tarde, llegué a un terreno accidentado y tan inhabitable como el desierto. Las afiladas rocas magullaban las patas de mis fieles camellos, que pronto se abrieron paso lenta y penosamente. No encontré ni hombres ni animales, y comprendí por qué evitaban esta tierra inhóspita.

»A partir de entonces fue un viaje como pocos hombres viven para contarlo. Día tras día avanzábamos penosamente. La comida y el agua se acabaron. El calor del sol era implacable. Al final del noveno día, me deslicé del lomo de mi montura con la sensación de que estaba demasiado débil para volver a montar y que seguramente moriría, perdido en este país abandonado.

»Me tendí en el suelo y dormí, sin despertarme hasta el primer resplandor de la luz del día.

»Me incorporé y miré a mi alrededor. El aire de la mañana era fresco. Mis camellos yacían abatidos no muy lejos, y a mi alrededor había una vasta extensión de tierra quebrada, cubierta de rocas, arena y espinas, sin rastro de agua, sin nada que comer ni para el hombre ni para el camello.

»¿Podría ser que en esta tranquila calma me enfrentara a mi fin? Mi mente estaba más clara que nunca. Mi cuerpo parecía ahora de poca importancia. Mis labios resecos y sangrantes, mi lengua seca e hinchada, mi estómago vacío, todo había perdido sus agonías supremas del día anterior.

Miré a lo lejos y una vez más me vino a la mente la pregunta: ¿Tengo alma de esclavo o de hombre libre? Entonces comprendí con claridad que, si tenía alma de esclavo, debía rendirme, tumbarme en el desierto y morir, un final apropiado para un esclavo fugitivo.

»Pero si tuviera el alma de un hombre libre, ¿qué haría entonces? Seguramente forzaría mi regreso a Babilonia, pagaría a la gente que había confiado en mí, traería la felicidad a mi esposa que me amaba de verdad y traería la paz y la satisfacción a mis padres.

»Tus deudas son tus enemigos que te han echado de Babilonia', había dicho Sira. Sí, así era. ¿Por qué me había negado a mantenerme firme como un hombre? ¿Por qué permití que mi esposa volviera con su padre?

»Entonces ocurrió algo extraño. Todo el mundo parecía haber adquirido un color diferente, como si lo hubiera estado mirando a través de una piedra de color que de repente se hubiera quitado. Por fin vi los verdaderos valores de la vida.

»¿¡Muerte en el desierto!? ¡Yo no! Con una nueva visión, vi las cosas que debía hacer. Primero volvería a Babilonia y me enfrentaría a todos los hombres con los que tenía una deuda impagada. Debería decirles que después de años de vagabundeo y desgracia, había vuelto para pagar mis deudas tan rápido como los dioses me lo permitieran. A continuación, debía formar un hogar para mi esposa y convertirme en un ciudadano del que mis padres se sintieran orgullosos.

»Mis deudas eran mis enemigos, pero los hombres a los que debía eran mis amigos, porque habían confiado en mí y creían en mí.

»Me tambaleé débilmente hasta ponerme en pie. ¿Qué importaba el hambre? ¿Qué importaba la sed? No eran más que incidentes en el camino a Babilonia. Dentro de mí surgió el alma de un hombre libre que vuelve para conquistar a sus enemigos y recompensar a sus amigos. Me entusiasmé con la gran resolución.

»Los ojos vidriosos de mis camellos se iluminaron ante la nueva nota de mi voz ronca. Con gran esfuerzo, tras muchos intentos, se pusieron de pie. Con penosa perseverancia, avanzaron hacia el norte, donde algo en mi interior me decía que encontraríamos Babilonia.

»Encontramos agua. Pasamos a un país más fértil donde había hierba y fruta y encontramos el camino a Babilonia porque el alma de un hombre libre ve la vida como una serie de problemas que hay que resolver y los resuelve, mientras que el alma de un esclavo gime '¿Qué puedo hacer yo que no soy más que un esclavo?'.

»¿Y tú, Tarkad? ¿Tu estómago vacío te despeja la cabeza? ¿Estás listo para emprender el camino que lleva de vuelta a la autoestima? ¿Puedes ver el mundo en su verdadero color? ¿Tienes el deseo de pagar tus deudas honradas, por muchas que sean, y volver a ser un hombre respetado en Babilonia?

Los ojos del joven se humedecieron y se puso de rodillas con entusiasmo.

—Me has mostrado una visión; ya siento surgir dentro de mí el alma de un hombre libre.

—¿Cómo le fue a su regreso?— preguntó un oyente interesado.

—Donde está la determinación, se encuentra el camino— respondió Dabasir—. Ahora tenía la determinación, así que me puse a buscar el camino. Primero visité a todos los hombres con los que estaba en deuda y les rogué su indulgencia hasta que pudiera ganar con qué pagarles. La mayoría de ellos me recibieron de buen grado. Varios me vilipendiaron, pero otros se ofrecieron a ayudarme; uno, de hecho, me prestó precisamente la ayuda que necesitaba.

»Era Mathon, el prestamista de oro. Al enterarse de que yo había sido camellero en Siria, me envió al viejo Nebatur, el comerciante de camellos, a quien nuestro buen rey acababa de encargar la compra de muchos rebaños de camellos sanos para la gran expedición. Con él aproveché mis conocimientos sobre camellos. Poco a poco pude devolver cada cobre y cada pieza de plata. Entonces, por fin, pude levantar la cabeza y sentirme un hombre honorable entre los hombres.

De nuevo Dabasir se volvió hacia su comida.

—Kauskor, caracol— llamó en voz alta para que lo oyeran en la cocina—la comida está fría. Tráeme más carne recién asada. Trae también una porción muy grande para Tarkad, el hijo de mi viejo amigo, que tiene hambre y comerá conmigo.

Así terminó la historia de Dabasir, el comerciante de camellos de la antigua Babilonia. Encontró su propia alma cuando se dio cuenta de una gran verdad, una verdad que había sido conocida y utilizada por sabios mucho antes de su tiempo.

Ha conducido a hombres de todas las épocas fuera de las dificultades y hacia el éxito y continuará haciéndolo para aquellos que tengan la sabiduría de comprender su poder mágico. Está al alcance de cualquier hombre que lea estas líneas.

LA HISTORIA DE LAS TABLILLAS DE ARCILLA DE BABILONIA

Un MENSAJE para todo hombre y mujer que
tenga ambiciones que cumplir e ideales que
mantener, un mensaje tan importante que,
después de cinco mil años, ha resurgido
de las ruinas de Babilonia, tan verdadero
y vital como el día en que fue enterrado.

«Uno espera que el borroso y lejano pasado hable de romance y aventuras, del tipo de 'Las mil y una noches'».

PRÓLOGO

TABLETAS DE ARCILLA es un nombre aplicado a los registros escritos de la antigua Babilonia. En lugar de utilizar papel, que no tenían, grababan sus escritos en bloques de arcilla húmeda y los quemaban para hacerlos permanentes. Estas tablillas tenían un grosor de unos dos centímetros y eran un poco más grandes que un ladrillo de una casa moderna.

Los babilonios eran escritores prolíficos. Cientos de miles de sus tablillas de arcilla han sido recuperadas por modernas expediciones científicas y están siendo descifradas por arqueólogos especializados. Muchos de estos registros se refieren a la venta de propiedades y dan detalles de transacciones comerciales. Otros son mensajes o cartas, como los consideraríamos nosotros. Otra clase recoge las leyes de la tierra proclamadas por el sabio rey Hammurabi, leyes tan justas y equitativas como las actuales.

En las casas y mercados de los comerciantes, las tablillas solían guardarse en grandes tinajas de barro. En las bibliotecas reales de los reyes, se disponían en estantes similares a los libros de una biblioteca moderna. Los documentos extensos requerían muchas de estas voluminosas tablillas. Una sola tablilla contenía menos escritura que una página de un libro moderno, por lo que se necesitaba mucho espacio de almacenamiento. Cuando se necesitaban muchas tablillas para un solo documento, se indexaban cuidadosamente mediante pestañas que colgaban de pajitas.

Somos muy afortunados de que los registros de la antigua civilización babilónica tuvieran una forma tan permanente. De lo contrario, se habrían perdido para siempre.

Los eones del tiempo han convertido en polvo los orgullosos muros de sus templos, pero la sabiduría de Babilonia perdura y en ella podemos buscar sabias soluciones a muchos de los desconcertantes problemas a los que nos enfrentamos hoy como individuos.

COLEGIO ST. SWITHIN'S
UNIVERSIDAD DE NOTTINGHAM
NEWARK-ON-TRENT
NOTTINGHAM

21 de octubre de 1930.

Profesor Franklin Caldwell,
Cuidado de la expedición científica británica,
Hillah, Mesopotamia.

Mi querido profesor:

Las cinco tablillas de arcilla de su reciente excavación en las ruinas de Babilonia llegaron en el mismo barco que su carta. Me han fascinado infinitamente, y he pasado muchas horas agradables traduciendo sus inscripciones. Debería haber respondido a su carta de inmediato, pero lo retrasé hasta que pude completar las traducciones, que se adjuntan.

Las pastillas llegaron sin daños, gracias a su cuidadoso uso de conservantes y excelente embalaje.

Quedará tan asombrado como nosotros en el laboratorio, ante la historia que relatan. Uno espera que el oscuro y distante pasado hable de romance y aventura, cosas del tipo "Las mil y una noches", cuando, en cambio, revela el problema de una persona llamada Dabasir para pagar sus deudas, uno se da cuenta de que las condiciones en este viejo mundo no han cambiado tanto en cinco mil años como cabría esperar.

Es curioso, pero estas viejas inscripciones me "traen de cabeza", como dicen los estudiantes. Como profesor universitario, se supone que soy un ser humano pensante que posee conocimientos prácticos sobre la mayoría de los temas. Sin embargo, de las ruinas polvorientas de Babilonia me llega este anciano para ofrecerme un medio del que nunca había oído hablar para saldar mis deudas y, al mismo tiempo, conseguir oro para hacer tintinear mi cartera.

Un pensamiento agradable, digo, e interesante para probar si funcionará tan bien hoy en día como lo hizo en la antigua Babilonia. La Sra. Shrewsbury y yo estamos planeando probar su plan en nuestros propios asuntos, que podrían mejorar mucho.

Le deseo la mejor de las suertes en su meritoria empresa y espero con impaciencia otra oportunidad de colaborar,

Atentamente,

Alfred H. Shrewsbury,

Departamento de Arqueología.

TABLETA NO. I

Ahora, cuando la luna esté llena, yo, Dabasir, que acabo de regresar de la esclavitud en Siria, con la determinación de pagar mis muchas y justas deudas y convertirme en un hombre de recursos digno de respeto en mi ciudad natal de Babilonia, grabo aquí en la arcilla un registro permanente de mis asuntos para guiarme y ayudarme a llevar a cabo mis altos deseos.

Bajo el sabio consejo de mi buen amigo Mathon, el prestamista de oro, estoy decidido a seguir un plan exacto que, según él, conducirá a cualquier hombre honorable de las deudas a los medios y el respeto de sí mismo.

Este plan incluye tres propósitos que son mi esperanza y deseo.

En primer lugar, el PLAN prevé mi prosperidad futura.

Por lo tanto, una décima parte de todo lo que gane lo reservaré para mí. Porque Mathon habla sabiamente cuando dice:

"El hombre que guarda en su bolsa el oro y la plata que no necesita gastar es bueno con su familia y leal a su rey.

El hombre que no tiene más que unas pocas monedas en su monedero, es indiferente a su familia e indiferente a su rey.

Pero el hombre que no tiene nada en su bolsa, es cruel con su familia y es desleal a su rey porque su propio corazón está amargado.

Por lo tanto, el hombre que desee alcanzar logros debe tener monedas que pueda guardar para tintinear en su monedero, que tenga en su corazón amor por su familia y lealtad a su rey".

En segundo lugar, el plan establece que debo mantener y vestir a mi buena esposa que ha vuelto a mí con lealtad desde la casa de su padre. Pues Mathon dice que cuidar bien de una esposa fiel infunde amor propio en el corazón de un hombre y añade fuerza y determinación a sus propósitos.

Por lo tanto, las siete décimas partes de todo lo que gano se utilizarán para proporcionar un hogar, ropa para vestir y alimentos para comer, con un poco más para gastar, para que nuestras vidas no carezcan de placer y disfrute. Pero además ordena el mayor cuidado para que no gastemos más de siete décimas partes de lo que gano para estos dignos propósitos. Aquí radica el éxito del PLAN. Debo vivir de esta porción y nunca usar más ni comprar lo que no pueda pagar con esta porción.

TABLETA NO. II

En tercer lugar, el PLAN dispone que mis deudas se paguen con mis ganancias.

Por lo tanto, cada vez que la luna esté llena, dos décimas partes de todo lo que he ganado se dividirán honorable y equitativamente entre aquellos que han confiado en mí y con quienes estoy en deuda. Así, a su debido tiempo, todas mis deudas serán pagadas con seguridad.

Por lo tanto, grabo aquí los nombres de cada hombre con quien estoy en deuda y la cantidad honesta de mi deuda.

Fahru, el tejedor de telas, 2 de plata, 6 de cobre.

Sinjar, el fabricante de sofás, 1 plata.

Ahmar, amigo mío, 3 de plata, 1 de cobre.

Zankar, amigo mío, 4 de plata, 7 de cobre.

Askanir, amigo mío, 1 de plata, 3 de cobre.

Harinsir, el joyero, 6 de plata, 2 de cobre.

Diarbeker, amigo de mi padre, 4 de plata, 1 de cobre.

Alkahad, el dueño de la casa, 14 de plata.

Mathon, el prestamista de oro, 9 de plata.

Birejik, el granjero, 1 de plata, 7 de cobre.

(*A partir de aquí, ya no se puede descifrar.*)

TABLETA NO. III

Aestos acreedores debo en total ciento diecinueve piezas de plata y ciento cuarenta y una de cobre. Como debía estas sumas y no veía manera de pagarlas, en mi insensatez permití que mi mujer volviera con su padre y abandoné mi ciudad natal para buscar riquezas fáciles en otra parte, sólo para encontrar el desastre y verme vendido a la degradación de la esclavitud.

Ahora que Mathon me muestra cómo puedo pagar mis deudas con pequeñas sumas de mis ganancias, me doy cuenta de la gran magnitud de mi locura al huir de los resultados de mis extravagancias.

Por lo tanto, he visitado a mis acreedores y les he explicado que no tengo recursos con los que pagar, excepto mi capacidad de ganar, y que tengo la intención de aplicar dos décimas partes de todo lo que gane a mi deuda, de manera uniforme y honesta. Esto es lo que puedo pagar, pero no más. Por lo tanto, si son pacientes, con el tiempo mis obligaciones serán pagadas en su totalidad.

Ahmar, a quien consideraba mi mejor amigo, me vilipendió amargamente y le dejé humillado. Birejik, el granjero, me suplicó que le pagara a él primero, pues necesitaba ayuda urgentemente. Alkahad, el dueño de la casa, se mostró desagradable e insistió en que me causaría problemas a menos que le pagara pronto la totalidad de la deuda.

Todos los demás aceptaron de buen grado mi propuesta. Por eso estoy más decidido que nunca a llevarla a cabo, convencido de que es más fácil pagar las deudas justas que eludirlas. Aunque no pueda satisfacer las necesidades y exigencias de algunos de mis acreedores, trataré imparcialmente con todos.

TABLETA NO. IV

De nuevo brilla la luna llena. He trabajado duro con una mente libre y mi buena esposa ha apoyado mis intenciones de pagar a mis acreedores.

Gracias a nuestra sabia determinación, he ganado durante la última luna, comprando camellos de viento sano y buenas patas, para Nebatur, la suma de diecinueve piezas de plata.

Esto lo he dividido según el PLAN. Una décima parte la he reservado para mí, siete décimas partes las he dividido con mi buena esposa para pagar nuestra manutención. Dos décimos los he dividido entre mis acreedores tan equitativamente como se podía hacer en cobres.

No vi a Ahmar, sino que se lo dejé a su mujer. Birejik estaba tan contento que me besaba la mano. Sólo el viejo Alkahad estaba gruñón y decía que debía pagar más rápido, a lo que respondí que solo si se me permitía estar bien alimentado y sin preocupaciones podría pagar más rápido. Todos los demás me dieron las gracias y hablaron bien de mis esfuerzos.

Por lo tanto, al final de una luna, mi deuda se ha reducido en casi cuatro piezas de plata y poseo además casi dos piezas de plata, sobre las que nadie tiene derecho. Mi corazón está más ligero de lo que ha estado en mucho tiempo.

De nuevo brilla la luna llena. He trabajado duro pero con escaso éxito. Pocos camellos he podido comprar y sólo he ganado once monedas de plata. Sin embargo, mi buena esposa y yo hemos permanecido junto al PLAN, aunque no hayamos comprado ropa nueva y comamos sólo hierbas. Una vez más nos pagué una décima parte de las once piezas, mientras que vivíamos con siete décimas partes. Me sorprendió que Ahmar elogiara mi pago, aunque fuera pequeño. Lo mismo hizo Birejik. Alkahad montó en cólera, pero cuando se le dijo que devolviera su parte si no lo deseaba, se reconcilió. Los demás, como antes, se contentaron.

De nuevo brilla la luna llena y me regocijo enormemente. Intercepté un buen rebaño de camellos y compré muchos sanos, por lo que mis ganancias fueron de cuarenta y dos piezas de plata. Con esta luna mi mujer y yo hemos comprado sandalias y vestidos muy necesarios. También hemos cenado bien carne y aves.

Más de ocho monedas de plata hemos pagado a nuestros acreedores. Ni siquiera Alkahad protestó.

Grande es el PLAN porque nos saca de deudas y nos da riquezas que nos pertenecen.

Tres veces ha estado llena la luna desde la última vez que tallé en esta arcilla. Cada vez me he pagado a mí mismo una décima parte de todo lo que he ganado y cada vez mi buena esposa y yo hemos vivido con siete décimos, aunque a veces fue difícil. Cada vez he pagado a mis acreedores dos décimos.

En mi monedero tengo ahora veintiuna monedas de plata que son mías; más de lo que nunca había poseído. Hace que mi cabeza se erija sobre mis hombros y me enorgullece caminar entre mis amigos.

Mi esposa mantiene bien nuestro hogar y está bien vestida. Estamos felices de vivir juntos.

El PLAN tiene un valor incalculable. ¿Acaso no ha hecho un hombre honorable de un exesclavo?

TABLETA NO. V

De nuevo brilla la luna llena y recuerdo que hace mucho tiempo que tallé sobre la arcilla. Doce lunas, en verdad, han ido y venido. Pero este día no descuidaré mi registro porque en este día he pagado la última de mis deudas. Este es el día en el que mi buena esposa y mi agradecido yo celebramos con un gran festín que nuestra determinación ha sido alcanzada.

En mi última visita a mis acreedores ocurrieron muchas cosas que recordaré durante mucho tiempo. Ahmar me pidió perdón por sus palabras poco amables y me dijo que yo era uno de los amigos que más deseaba.

El viejo Alkahad no es tan malo después de todo, pues dijo: "Antes eras un trozo de arcilla blanda que cualquier mano que te tocara podía prensar y moldear, pero ahora eres un trozo de bronce capaz de sostener un filo. Si en algún momento necesitas plata u oro ven a mí".

Tampoco es el único que me tiene en alta estima. Muchos otros me hablan con deferencia. Mi buena esposa me mira con una luz en los ojos que hace que un hombre tenga confianza en sí mismo.

Sin embargo, es el PLAN el que ha hecho mi éxito. Me ha permitido pagar todas mis deudas y juntar oro y plata en mi monedero. Lo recomiendo a todos los que deseen salir adelante, porque, en verdad, si le permite a un ex esclavo pagar sus deudas y tener oro en su bolsa, ¿no ayudará a cualquier hombre a encontrar la independencia? Ni yo mismo he terminado con él, pues estoy convencido de que si lo sigo me hará rico entre los hombres.

COLEGIO ST. SWITHIN'S
UNIVERSIDAD DE NOTTINGHAM
NEWARK-ON-TRENT
NOTTINGHAM

7 de noviembre de 1932.

Profesor Franklin Caldwell,
Cuidado de la expedición científica británica,
Hillah, Mesopotamia.

Mi querido profesor:

Si al seguir excavando en las ruinas de Babilonia te encuentras con el fantasma de un antiguo residente, un viejo comerciante de camellos llamado Dabasir, hazme un favor. Dile que sus garabatos en esas tablillas de arcilla, hace tanto tiempo, le han ganado la gratitud de por vida de un par de universitarios aquí en Inglaterra.

Posiblemente recordarán que hace un año les escribí que la señora Shrewsbury y yo nos proponíamos probar su plan para salir de deudas y al mismo tiempo tener oro para tintinear. Habrán adivinado, aunque intentamos ocultárselo a nuestros amigos, nuestra desesperada situación.

Durante años nos vimos terriblemente humillados por un montón de viejas deudas y muy preocupados por miedo a que alguno de los comerciantes iniciara un escándalo que me obligara a abandonar el colegio. Pagábamos y pagábamos, cada chelín que podíamos sacar de los ingresos, pero apenas era suficiente para mantener la situación. Además, nos vimos obligados a hacer todas nuestras compras donde pudiéramos obtener más crédito, a pesar de los costes más elevados.

Se convirtió en uno de esos círculos viciosos que empeoran en lugar de mejorar. Nuestras luchas eran cada vez más desesperadas. No podíamos mudarnos a habitaciones más baratas porque le debíamos al casero. No parecía que pudiéramos hacer nada para mejorar nuestra situación.

Entonces, aquí viene su conocido, el viejo comerciante de camellos de Babilonia, con un plan para hacer exactamente lo que queríamos lograr. Nos animó a seguir su sistema, hicimos una lista de todas nuestras deudas y yo la llevé y se la mostré a todos los que debíamos.

Les expliqué que, tal como iban las cosas, me resultaba imposible pagarles nunca. Ellos mismos podían darse cuenta por las cifras. Entonces les expliqué que la única manera que veía de pagarles la totalidad era reservar el veinte por ciento de mis ingresos cada mes para dividirlos *a prorrata*, con lo que les pagaría la totalidad en poco más de dos años. Que, mientras tanto, iríamos al contado y les daríamos el beneficio adicional de nuestras compras en efectivo.

Eran realmente decentes. Nuestro verdulero, un viejo sabio, lo dijo de una manera que ayudó a entender el resto. "Si pagas todo lo que compras y luego pagas algo de lo que debes, es mejor de lo que has hecho, pues no has pagado nada en tres años".

Finalmente conseguí que todos firmaran un acuerdo por el que se comprometían a no molestarnos mientras nos pagaran regularmente el veinte por ciento de los ingresos. Entonces empezamos a maquinar cómo vivir con el setenta por ciento. Estábamos decididos a quedarnos con ese diez por ciento extra. La idea de la plata y posiblemente del oro era de lo más seductora.

Fue como vivir una aventura para hacer el cambio. Disfrutamos calculando de esta manera y de aquella otra para vivir cómodamente con ese setenta por ciento restante. Empezamos con el alquiler y conseguimos una buena rebaja. A continuación, pusimos bajo sospecha nuestras marcas favoritas de té y similares y nos sorprendió gratamente la frecuencia con que podíamos adquirir calidades superiores a bajo coste.

Es una historia demasiado larga para una carta, pero en cualquier caso no resultó difícil. Nos las arreglamos, y muy alegremente. Fue un alivio tener nuestros asuntos en tal forma que ya no nos perseguían las cuentas atrasadas.

Sin embargo, no debo dejar de hablarles de ese diez por ciento extra que debíamos hacer sonar. Bueno, lo cantamos durante algún tiempo. No se rían tan pronto. Esa es la parte deportiva, es lo realmente divertido, empezar a acumular dinero que no quieres gastar. **Hay más placer en acumular un superávit así que en gastarlo.**

Después de tintinear hasta hartarnos, le encontramos un uso más rentable. Hicimos una inversión con la que podíamos pagar ese diez por ciento cada mes. **Está resultando ser la parte más satisfactoria de nuestra regeneración y es lo primero que pagamos con mi cheque.**

Es una sensación de seguridad muy gratificante saber que nuestra inversión crece constantemente. Cuando termine mi etapa de profesor debería ser una buena suma, lo suficientemente grande como para que los ingresos nos mantengan a partir de entonces.

Y todo con el mismo cheque de siempre. Difícil de creer, pero absolutamente cierto. Todas nuestras viejas deudas se van pagando poco a poco y al mismo tiempo aumenta nuestra inversión. Además, nos va, financieramente, incluso mejor que antes. ¿Quién podría creer que hay tanta diferencia de resultados entre seguir un plan financiero y andar a la deriva?

A finales del año que viene, cuando hayamos pagado todas nuestras facturas anteriores, tendremos más para pagar nuestra inversión, además de algo extra para viajes. Estamos decididos a no volver a permitir que nuestros gastos superen el setenta por ciento de nuestros ingresos.

Ahora comprenderán por qué queremos expresar nuestro agradecimiento personal a ese anciano cuyo plan nos salvó **de nuestro "Infierno en la Tierra", LAS DEUDAS.**

Él lo sabía. Había pasado por todo eso y quería que otros se beneficiaran de sus propias amargas experiencias, por eso dedicó tediosas horas a grabar su mensaje en la arcilla.

Tenía un mensaje real para los compañeros de infortunio, un mensaje tan importante que después de cinco mil años ha resurgido de las ruinas de Babilonia, tan cierto y vital como el día en que fue enterrado.

Atentamente,

Alfred H. Shrewsbury,

Departamento de Arqueología.

EL HOMBRE MÁS AFORTUNADO DE BABILONIA

A la cabeza de su caravana cabalgaba orgulloso Sharru Nada, el príncipe mercader de Babilonia. Le gustaban las telas finas y vestía ropas ricas y elegantes. Le gustaban los animales finos y se sentaba fácilmente sobre su brioso semental árabe. Al mirarlo, difícilmente se habría adivinado su avanzada edad. Ciertamente, tampoco habrían sospechado que estaba interiormente perturbado.

El viaje desde Damasco es largo y las penurias del desierto, muchas. Pero no le importan. Las tribus árabes son feroces y ansiosas por saquear las ricas caravanas. No les temía, pues sus numerosos guardias montados en flota eran una protección segura.

El joven que traía de Damasco le inquietaba. Se trataba de Hadan Gula, el nieto de su compañero de otros años, Arad Gula, con quien sentía que tenía una deuda de gratitud que nunca podría saldar. Le gustaría hacer algo por este nieto, pero cuanto más lo pensaba, más difícil le parecía debido al propio joven.

Observando los anillos y pendientes del joven, pensó para sí: "Cree que las joyas son para los hombres, y aun así tiene el rostro fuerte de su abuelo". Pero su abuelo no llevaba ropas tan llamativas. Aun así, le pedí que viniera, con la esperanza de poder ayudarle a empezar por sí mismo y alejarse del naufragio que su padre ha hecho de su herencia."

Hadan Gula irrumpió en sus pensamientos.

—¿Por qué trabajas tan duro, cabalgando siempre con tu caravana en sus largos viajes? ¿Nunca te tomas tiempo para disfrutar de la vida?

Sharru Nada sonrió.

—¿Para disfrutar de la vida?—¿Qué harías para disfrutar de la vida si fueras Sharru Nada?

—Si tuviera una riqueza igual a la tuya, viviría como un príncipe. Jamás cruzaría a caballo el ardiente desierto, gastaría los siclos tan rápido como llegaran a mi bolsa, llevaría la más rica de las túnicas y la más rara de las joyas. Esa sería una vida a mi gusto, una vida que valdría la pena vivir.

Ambos hombres rieron.

—Tu abuelo no llevaba joyas— Sharru Nada habló antes de pensar y continuó bromeando—. ¿No dejarías tiempo para trabajar?

—El trabajo se hizo para los esclavos— respondió Hadan Gula.

Sharru Nada se mordió el labio pero no contestó, cabalgando en silencio hasta que el sendero los condujo a la ladera. Allí montó a caballo y señaló el valle verde a lo lejos. "

EL HOMBRE MÁS AFORTUNADO DE BABILONIA

—Mira, ahí está el valle. Mira hacia abajo y podrás ver débilmente las murallas de Babilonia, la torre es el templo de Bel. Si tus ojos son agudos, incluso podrás ver el humo del fuego eterno en su cima.

—Así que eso es Babilonia. Siempre he deseado ver la ciudad más rica de todo el mundo— comentó Hadan Gula—. Babilonia, donde mi abuelo comenzó su fortuna. Ojalá siguiera vivo, si fuera así no estaríamos tan apurados.

—¿Por qué desear que su espíritu permanezca en la tierra más allá del tiempo asignado? Tú y tu padre pueden continuar su buena obra.

—Ay, de nosotros, ninguno tiene su don. Padre y yo no conocemos su secreto para atraer los siclos de oro.

Sharru Nada no respondió, sino que dio rienda suelta a su montura y cabalgó pensativo por el sendero hacia el valle. Detrás de ellos seguía la caravana en una nube de polvo rojizo. Algún tiempo después llegaron a la carretera de los Reyes y giraron hacia el sur a través de las granjas de regadío.

Tres ancianos arando un campo llamaron la atención de Sharru Nada. Le resultaban extrañamente familiares. Qué ridículo, uno no pasa por un campo después de cuarenta años y encuentra a los mismos hombres arando allí. Sin embargo, algo en su interior le decía que eran los mismos. Uno, con un agarre inseguro, sostenía el arado mientras los otros avanzaban trabajosamente junto a los bueyes, golpeándolos ineficazmente con sus varas de barril para que siguieran tirando.

Cuarenta años atrás había envidiado a esos hombres. ¡Con cuánto gusto los habría intercambiado! Pero qué diferencia había ahora. Con orgullo miró hacia atrás, a su caravana, camellos y asnos bien escogidos, cargados con valiosas mercancías de Damasco. Todo esto no era más que una de sus posesiones.

Señaló a los aradores, diciendo:

—Siguen arando el mismo campo donde estaban hace cuarenta años.

—Podría ser, pero ¿por qué crees que son los mismos?

—Los vi allí— respondió Sharru Nada. Los recuerdos se agolpaban rápidamente en su mente. ¿Por qué no podía enterrar el pasado y vivir el presente? Entonces vio, como en un cuadro, el rostro sonriente de Arad Gula. La barrera entre él y el joven cínico que estaba a su lado se disolvió.

Pero, ¿cómo podía ayudar a un joven tan superior, con sus ideas derrochadoras y sus manos enjoyadas? Trabajo podía ofrecer en abundancia a los trabajadores dispuestos, pero nada a los hombres que se consideraban demasiado buenos para el trabajo. Sin embargo, le debía a Arad Gula hacer algo, no un intento a medias. Él y Arad Gula nunca habían hecho las cosas así. No eran esa clase de hombres.

El plan surgió casi en un instante. Hubo objeciones. Debía considerar a su propia familia y posición. Sería cruel; le dolería. Siendo un hombre de decisiones rápidas, renunció a las objeciones y decidió actuar.

—¿Te interesaría saber cómo tu digno abuelo y yo nos unimos en la sociedad que resultó tan provechosa?— preguntó.

—¿Por qué no me cuentas cómo has fabricado los siclos de oro? Es todo lo que necesito saber—replicó el joven.

Sharru Nada ignoró la respuesta y continuó:

—Empezamos con esos hombres arando. Yo no era mayor que tú. A medida que se acercaba la columna de hombres en la que marchaba, el bueno de Megiddo, el granjero, se burlaba de la forma tan descuidada en que araban. Megiddo estaba encadenado a mi lado. Mira a esos vagos', protestó. El arador no hace ningún esfuerzo por arar hondo, ni los batidores mantienen a los bueyes en el surco. ¿Cómo pueden esperar obtener una buena cosecha con un arado deficiente?

—¿Dijiste que Megiddo estaba encadenado a ti?— preguntó sorprendido Hadan Gula.

—Sí, con collares de bronce al cuello y un trozo de pesada cadena entre nosotros. Junto a él estaba Zabado, el ladrón de ovejas. Lo había conocido en Harroun. Al final había un hombre al que llamábamos Pirata porque no nos dijo su nombre. Lo considerábamos marinero porque llevaba tatuadas serpientes entrelazadas en el pecho al estilo marinero. La columna estaba formada así para que los hombres pudieran caminar de cuatro en cuatro.

—¿Estuviste encadenado como un esclavo?—preguntó incrédulo Hadan Gula.

—¿No te dijo tu abuelo que una vez fui esclavo?

—A menudo hablaba de ti, pero nunca insinuó esto.

—Era un hombre al que podías confiar tus secretos más íntimos. Tú también eres un hombre en quien puedo confiar, ¿no es así?—. Sharru Nada le miró directamente a los ojos.

—Puedes confiar en mi silencio, pero estoy asombrado. Dime cómo llegaste a ser esclavo.

Sharru Nada se encogió de hombros.

—Cualquier hombre puede convertirse en esclavo. Fue una casa de juego y la cerveza de cebada lo que provocó mi desastre. Fui víctima de las indiscreciones de mi hermano. En una pelea mató a su amigo. Mi padre me unió a la viuda, desesperado por evitar que mi hermano fuera perseguido por la ley. Cuando mi padre no pudo reunir la plata para liberarme, ella, furiosa, me vendió al tratante de esclavos.

—¡Qué vergüenza y qué injusticia!—protestó Hadan Gula—. Pero dime, ¿cómo recuperaste la libertad?

—Llegaremos a eso, pero aún no. Continuemos mi relato. Al pasar, los aradores se burlaron de nosotros. Uno de ellos se quitó su harapiento sombrero y se inclinó, diciendo: 'Bienvenidos a Babilonia, invitados del Rey. Él os espera en las murallas de la ciudad, donde se sirve el banquete, ladrillos de barro y sopa de cebolla, y se echaron a reír a carcajadas.

»El pirata montó en cólera y los maldijo en redondo. ¿Qué quieren decir esos hombres con que el Rey nos espera en las murallas? le pregunté.

»A las murallas de la ciudad marcháis para cargar ladrillos hasta que se os rompa la espalda. Tal vez te golpeen hasta matarte antes de que se rompa. No me golpearán. Los mataré.

»Entonces Megiddo tomó la palabra. Para mí no tiene sentido hablar de amos que matan a golpes a esclavos voluntarios y trabajadores. A los amos les gustan los buenos esclavos y los tratan bien'.

»¿Quién quiere trabajar duro?›, comentó Zabado. Esos aradores son tipos listos. No se parten el lomo. Sólo hacen como si lo estuvieran.

»No puedes salir adelante eludiendo el trabajo, protestó Megiddo. Si aras una hectárea, es un buen día de trabajo y cualquier amo lo sabe. Pero si aras sólo media hectárea, eso es holgazanear. Yo no eludo. Me gusta trabajar y me gusta hacer un buen trabajo, porque el trabajo es el mejor amigo que he conocido. Me ha traído todas las cosas buenas que he tenido, mi granja y vacas y cosechas, todo.

»Sí, ¿y dónde están esas cosas ahora? se burló Zabado. Creo que es mejor ser listo y arreglárselas sin trabajar. Vigila a Zabado. Si nos venden a las murallas, él estará cargando la bolsa de agua o algún trabajo fácil cuando tú, que te gusta trabajar, te rompas la espalda cargando ladrillos, y soltó su risa tonta.

»El terror se apoderó de mí aquella noche. No podía dormir. Me apiñé cerca de la cuerda de guardia y, cuando los demás dormían, atraje la atención de Godoso, que hacía la primera guardia. Era uno de esos árabes bandidos, el tipo de pícaro que, si te roba la cartera, piensa que también debe cortarte el cuello.

»Dime, Godoso, susurré, cuando lleguemos a Babilonia, ¿nos venderán a las murallas? ¿Por qué quieres saberlo?›, preguntó con cautela. No entenderías, el dije. Soy joven, quiero vivir. No quiero que me hagan trabajar ni que me maten a golpes en las paredes. ¿Hay alguna posibilidad de que consiga un buen amo?

»Él susurró: ‹Te diré algo. Tú, buen amigo, no le des problemas a Godoso. La mayoría de las veces vamos primero al mercado de esclavos. Escucha. Cuando vengan los compradores, diles que eres un buen trabajador, que te gusta trabajar duro para un buen amo. Haz que quieran comprarte. Si no los convences, al día siguiente llevas ladrillos y trabaja muy duro.

»Después de que se marchara, me tumbé en la arena caliente, mirando las estrellas y pensando en el trabajo. Lo que Megiddo había dicho de que era su mejor amigo me hizo preguntarme si sería mi mejor amigo. Desde luego lo sería si me ayudaba a salir de esta.

»Cuando Megiddo despertó, le susurré mis buenas noticias. Era nuestro único rayo de esperanza mientras marchábamos hacia Babilonia. A última hora de la tarde nos acercamos a las murallas y pudimos ver las filas de hombres, como hormigas negras, subiendo y bajando por los empinados senderos diagonales. A medida que nos acercábamos, nos asombraban los miles de hombres que trabajaban; algunos cavaban en el foso, otros mezclaban la tierra para convertirla en ladrillos de barro. Los más numerosos transportaban los ladrillos en grandes cestos por aquellos empinados senderos hasta los albañiles.

»Los capataces maldecían a los rezagados y azotaban las espaldas de los que no se mantenían en fila. Se veía a los pobres y agotados compañeros tambalearse y caer bajo sus pesadas cestas, incapaces de levantarse de nuevo. Si los latigazos no conseguían ponerlos en pie, los empujaban a un lado de los caminos y se retorcían de agonía. Pronto serían arrastrados hasta unirse a otros cuerpos cobardes junto a la calzada para esperar tumbas sin santificar. Al contemplar aquel espantoso espectáculo, me estremecí. Así que esto era lo que le esperaba al hijo de mi padre si fracasaba en el mercado de esclavos.

»Godoso tenía razón. Nos llevaron a través de las puertas de la ciudad a la prisión de esclavos y a la mañana siguiente marchamos a los corrales del mercado. Allí, el resto de los hombres se acurrucaban atemorizados y sólo los látigos de nuestra guardia podían mantenerlos en movimiento para que los compradores pudieran examinarlos. Megiddo y yo hablamos con entusiasmo con todos los hombres que nos permitieron dirigirnos a ellos.

»El negrero trajo soldados de la Guardia del Rey que encadenaron a Pirata y le golpearon brutalmente cuando protestó. Mientras se lo llevaban, sentí pena por él.

»Megiddo sintió que pronto nos separaríamos. Cuando no había compradores cerca, me habló seriamente para inculcarme lo valioso que sería el trabajo para mí en el futuro: Algunos hombres lo odian. Lo convierten en su enemigo. Mejor trátalo como a un amigo, haz que te guste. No te preocupes porque sea duro. Si piensas en la buena casa que construyes, qué importa que las vigas sean pesadas y que el agua para el yeso esté lejos del pozo. Prométeme, muchacho, que, si consigues un maestro, trabajarás para él todo lo que puedas. Si no aprecia todo lo que haces, no importa. Recuerda, el trabajo, bien hecho, hace bien al hombre que lo hace. Le hace mejor. Se detuvo cuando un corpulento granjero se acercó al recinto y nos miró críticamente.

»Megiddo preguntó por su granja y sus cosechas, y pronto se convenció de que sería un hombre valioso. Tras un violento regateo con el tratante de esclavos, el granjero sacó un grueso monedero de debajo de su túnica, y pronto Megiddo había seguido a su nuevo amo hasta perderse de vista.

»Durante la mañana se vendieron algunos hombres más. Al mediodía Godoso me confió que el tratante estaba disgustado y que no se quedaría otra noche, sino que llevaría a todos los que quedaran al atardecer al comprador del Rey. Me estaba desesperando cuando un hombre gordo y bonachón se acercó a la pared y preguntó si había algún panadero entre nosotros.

»Me acerqué a él diciéndole: '¿Por qué un buen panadero como tú ha de buscar a otro panadero de maneras inferiores? ¿No sería más fácil enseñar a un hombre dispuesto como yo tus hábiles maneras? Mírame, soy joven, fuerte y me gusta trabajar. Dame una oportunidad y haré todo lo posible para ganar oro y plata para tu bolsa'.

»Le impresionó mi buena disposición y empezó a regatear con el tratante, que nunca se había fijado en mí desde que me había comprado, pero que ahora se explayaba sobre mis habilidades, mi buena salud y mi buena disposición. Me sentía como un buey gordo vendido a un carnicero. Por fin, para mi alegría, se cerró el trato. Seguí a mi nuevo amo, pensando que era el hombre más afortunado de Babilonia.

»Mi nuevo hogar era muy de mi agrado. Nana-Naid, mi amo, me enseñó a moler la cebada en el cuenco de piedra que había en el patio, a encender el fuego del horno y a moler muy fina la harina de sésamo para las tortas de miel. Tenía un sofá en el cobertizo donde se almacenaba el grano. La vieja esclava ama de llaves, Swasti, me alimentaba bien y se alegraba de cómo la ayudaba en las tareas pesadas.

»Era la oportunidad que tanto había anhelado de hacerme valioso para mi amo y, esperaba, encontrar la forma de ganarme la libertad.

"Le pedí a Nana-Naid que me enseñara a amasar el pan y a hornear y lo hizo, muy complacido por mi buena disposición. Más tarde, cuando supe hacerlo bien, le pedí que me enseñara a hacer los pasteles de miel, y pronto me ocupé de todo. Mi amo se alegraba de estar ocioso, pero Swasti movía la cabeza en señal de desaprobación. Ningún trabajo es malo para un hombre, declaró.

»Sentí que había llegado el momento de pensar en una forma de empezar a ganar monedas para comprar mi libertad, y como terminaba de hornear al mediodía, pensé que Nana-Naid aprobaría que encontrara un empleo provechoso para las tardes y podría compartir mis ganancias conmigo. Entonces se me ocurrió: ¿por qué no hornear más pasteles de miel y venderlos a los hambrientos por las calles de la ciudad?

»Le presenté mi plan a Nana-Naid de la siguiente manera: Si puedo usar mis tardes después de terminar de hornear para ganar monedas para ti, ¿sería justo que compartieras mis ganancias conmigo para que yo pudiera tener dinero propio para gastar en esas cosas que todo hombre desea y necesita?

»Me parece justo, me parece justo, admitió. Cuando le conté mi plan de vender nuestros pasteles de miel, se alegró mucho. Esto es lo que haremos, sugirió. Si los vendes a dos por un penique, la mitad de los peniques serán míos para pagar la harina, la miel y la leña para hornearlos. Del resto, yo tomaré la mitad y tú te quedarás con la otra mitad.

»Me alegró mucho su generosa oferta de quedarme con una cuarta parte de mis ventas. Aquella noche trabajé hasta tarde para hacer una bandeja sobre la que exponerlas. Nana-Naid me dio una de sus raídas túnicas para que tuviera buen aspecto, y Swasti me ayudó a remendarla y lavarla.

»Al día siguiente horneé una cantidad extra de pasteles de miel. Se veían marrones y tentadores sobre la bandeja mientras yo iba por la calle, anunciando a bombo y platillo mi mercancía. Al principio nadie parecía interesado y me desanimé. Seguí adelante y por la tarde, cuando los hombres empezaron a tener hambre, los pasteles empezaron a venderse y pronto mi bandeja quedó vacía.

»Nana-Naid se alegró mucho de mi éxito y me pagó gustosamente mi parte. Yo estaba encantado de poseer esos centavos. Megiddo había tenido razón cuando dijo que un amo apreciaba el buen trabajo de sus esclavos. Aquella noche estaba tan feliz por mi éxito que apenas pude dormir e intenté calcular cuánto podría ganar en un año y cuántos años serían necesarios para comprar mi libertad.

»Como cada día salía con mi bandeja de pasteles, pronto encontré clientes fijos. Uno de ellos era nada menos que tu abuelo, Arad Gula. Era comerciante de alfombras y vendía a las amas de casa, yendo de un extremo a otro de la ciudad, acompañado de un asno cargado de alfombras y un esclavo negro para atenderlo. Compraba dos pasteles para él y dos para su esclavo, y siempre se quedaba hablando conmigo mientras se los comían.

»Tu abuelo me dijo un día algo que siempre recordaré. Me gustan tus pasteles, muchacho, pero más aún me gusta el buen espíritu con que los ofreces. Ese espíritu puede llevarte lejos en el camino del éxito'.

»Pero, ¿cómo puedes comprender, Hadan Gula, lo que tales palabras de aliento podían significar para un muchacho esclavo, solitario en una gran ciudad, luchando con todo lo que llevaba dentro para encontrar una salida a su humillación?

»Con el paso de los meses seguí añadiendo peniques a mi monedero y empezó a tener un peso reconfortante sobre mi cinturón. El trabajo estaba demostrando ser mi mejor amigo tal y como Megiddo había dicho, y yo era feliz, pero Swasti estaba preocupada.

»Me da miedo que tu amo pase tanto tiempo en las casas de juego, protestó ella.

»Un día me alegré mucho al encontrarme a mi amigo Megiddo en la calle. Llevaba tres burros cargados de verduras al mercado. Me va muy bien, me dijo. Mi amo aprecia mi buen trabajo, porque ahora soy capataz. Verás, me confía la comercialización y, además, envía dinero para mi familia. El trabajo me está ayudando a recuperarme de mi gran problema. Algún día me ayudará a comprar mi libertad y volver a tener una granja propia.

»Pasaba el tiempo y Nana-Naid se ponía cada vez más ansioso esperando que volviera de mi venta vespertina. Cuando volvía, me esperaba con impaciencia para contar y repartir nuestro dinero. También me instaba a buscar más mercados y a aumentar mis ventas.

»A menudo salía a las puertas de la ciudad para solicitar los servicios de los capataces de los esclavos que construían las murallas. Odiaba volver a las desagradables vistas, pero encontraba a los capataces compradores liberales. Un día me sorprendió ver a Zabado haciendo cola para llenar su cesta de ladrillos. Estaba demacrado y encorvado, y tenía la espalda cubierta de verdugones y llagas de los latigazos de los capataces. Me compadecí de él y le di un pastel que se llevó a la boca como un animal hambriento. Al ver la mirada codiciosa en sus ojos, corrí antes de que pudiera coger mi bandeja.

»¿Por qué trabajas tanto? me dijo un día Arad Gula. Casi la misma pregunta que me has hecho hoy, ¿recuerdas? Le conté lo que Megiddo había dicho sobre el trabajo y cómo estaba demostrando ser mi mejor amigo. Le mostré con orgullo mi cartera de peniques y le expliqué cómo los estaba ahorrando para comprar mi libertad.

»Cuando seas libre, ¿qué harás?', preguntó. Cuando eso suceda tengo la intención de hacerme comerciante, respondí. En ese momento, me hizo una confidencia, algo que nunca había sospechado. Lo que no sabes es que yo también soy un esclavo, soy socio de mi amo.

—Basta, exigió Hadan Gula. No escucharé las mentiras que difaman a mi abuelo. El no era un esclavo.

Sus ojos ardían de ira.

Sharru Nada mantuvo la calma.

—Le honro por sobreponerse a su desgracia y convertirse en un ciudadano destacado de Damasco. ¿Eres tú, su nieto, del mismo molde? ¿Eres lo bastante hombre para afrontar la realidad o prefieres vivir bajo falsas ilusiones?

Hadan Gula se enderezó en su silla de montar. Con voz reprimida por una profunda emoción, respondió:

—Mi abuelo era querido por todos. Fueron innumerables sus buenas acciones. Cuando llegó la hambruna, ¿no compró con su oro grano en Egipto y no lo trajo su caravana a Damasco y lo distribuyó entre la gente para que nadie muriera de hambre? Ahora dices que no era más que un esclavo despreciado en Babilonia.

—Si hubiera permanecido como esclavo en Babilonia, entonces bien podría haber sido despreciado, pero cuando, gracias a sus propios esfuerzos se convirtió en un gran hombre en

Damasco, los dioses, en efecto, condonaron sus desgracias y lo honraron con su respeto— respondió Sharru Nada.

»Después de decirme que era esclavo —continuó Sharru Nada— me explicó lo ansioso que había estado por ganarse la libertad. Ahora que tenía dinero suficiente para comprarla, estaba muy preocupado por lo que debía hacer. Ya no hacía buenas ventas y temía dejar de contar con el apoyo de su amo.

»Protesté contra su indecisión: No te aferres más a tu amo, vuelve a sentirte un hombre libre, actúa como uno y triunfa como tal. Decide lo que quieres conseguir y el trabajo te ayudará a lograrlo. El siguió su camino diciendo que se alegraba de que le hubiera avergonzado por su cobardía[1].

»Un día volví a salir a las puertas y me sorprendió encontrar allí reunida a una gran multitud. Cuando pedí explicaciones a un hombre, me respondió: '¿No te has enterado? Un esclavo fugitivo que asesinó a uno de los guardias del rey ha sido llevado ante la justicia y hoy será azotado hasta la muerte por su crimen. Incluso el mismo Rey estará aquí.

»Tan densa era la muchedumbre en torno al poste de la flagelación, que temí acercarme, no fuera que se volcara mi bandeja de tortas de miel. Por lo tanto, trepé por el muro inacabado para ver por encima de las cabezas de la gente. Tuve la suerte de ver

---

1 ¨Las costumbres de los esclavos en la antigua Babilonia, aunque nos parezcan incoherentes, estaban estrictamente reguladas por la ley. Por ejemplo, un esclavo podía poseer bienes de cualquier tipo, incluso otros esclavos sobre los que su amo no tenía ningún derecho. Los esclavos se casaban libremente con los no esclavos. Los hijos de madres libres eran libres. La mayoría de los comerciantes de la ciudad eran esclavos. Muchos de ellos eran socios de sus amos y ricos por derecho propio.

al mismísimo Nabucodonosor cuando pasaba en su carro de oro. Nunca había contemplado tanta grandeza, tales ropajes y colgaduras de tela dorada y terciopelo.

»No pude ver la flagelación aunque pude oír los gritos del pobre esclavo. Me preguntaba cómo alguien tan noble como nuestro apuesto rey podía soportar ver semejante sufrimiento, pero cuando vi que reía y bromeaba con sus nobles, supe que era cruel y comprendí por qué se exigían tareas tan inhumanas a los esclavos que construían las murallas.

»Una vez muerto el esclavo, colgaron su cuerpo de un poste con una cuerda atada a la pierna para que todos pudieran verlo. Cuando la multitud empezó a disminuir, me acerqué. En el pecho peludo, vi tatuadas dos serpientes entrelazadas. Era Pirata.

»La siguiente vez que me encontré con Arad Gula era un hombre cambiado. Lleno de entusiasmo me saludó: He aquí que el esclavo que conociste es ahora un hombre libre, dijo. Había magia en tus palabras. Ya están aumentando mis ventas y mis beneficios y mi mujer está encantada. Ella era una mujer libre, sobrina de mi amo. Desea que nos mudemos a una ciudad extraña donde nadie sepa que fui esclavo, así nuestros hijos estarán por encima del reproche por la desgracia de su padre. El trabajo se ha convertido en mi mejor ayuda, me ha permitido recuperar mi confianza y mi habilidad para vender.

»Me alegré mucho de haber podido, aunque fuera en pequeña medida, devolverle los ánimos que me había dado.

»Una noche Swasti vino a mí muy angustiada: 'Tu maestro está en problemas y temo por él. Hace unos meses perdió mucho en las mesas de juego. No paga al granjero por su grano ni por su miel y no paga al prestamista. Están enfadados y le amenazan.

»¿Por qué deberíamos preocuparnos por su locura? No somos sus guardianes, respondí sin pensar.

»Joven tonto, no entiendes. Al prestamista le diste tu título para asegurar un préstamo. Según la ley, puede reclamarte y venderte. No sé qué hacer, es un buen amo. ¿Por qué, oh por qué, debe venirle tal problema?

»Los temores de Swasti no eran infundados. Mientras horneaba a la mañana siguiente, el prestamista regresó con un hombre al que llamaba Sasi. Este hombre me miró y dijo que yo le serviría.

»El prestamista no esperó a que volviera mi amo, sino que le dijo a Swasti que le dijera que me había llevado. Con sólo la túnica a la espalda y el monedero de peniques colgando a buen recaudo de mi cinturón, me alejaron a toda prisa de la panadería inacabada.

»Fui arremolinado lejos de mis más queridas esperanzas como el huracán arrebata el árbol del bosque y lo arroja al mar embravecido. De nuevo una casa de juego y la cerveza de cebada me habían causado el desastre.

»Sasi era un hombre franco y brusco. Mientras me llevaba por la ciudad, le hablé del buen trabajo que había hecho para Nana-Naid y le dije que esperaba hacer un buen trabajo para él, pero su respuesta no fue alentadora: No me gusta este trabajo, a mi amo no le gusta. El Rey le ha dicho que me envíe a construir una sección del Gran Canal y el amo le dice a Sasi que compre más esclavos, que trabaje duro y que termine rápido. Bah, ¿cómo puede un hombre terminar rápido un gran trabajo?

»Imagínate un desierto sin árboles, sólo arbustos bajos y un sol que quemaba con tal furia que el agua de nuestros barriles estaba tan caliente que apenas podíamos beberla. Imagínense filas de hombres que bajaban a las profundas excavaciones y arrastraban pesados cestos de tierra por senderos suaves y polvorientos desde el amanecer hasta el anochecer. Imagínense la comida servida en comederos abiertos de los que nos servíamos como cerdos. No teníamos tiendas ni paja para dormir. Esa era la situación en la que me encontraba. Enterré mi cartera en un lugar marcado, preguntándome si volvería a desenterrarla.

»Al principio trabajé con buena voluntad, pero a medida que se alargaban los meses, sentía que mi espíritu se quebraba. Entonces la fiebre del calor se apoderó de mi cansado cuerpo. Perdí el apetito y apenas podía comer cordero y verduras. Por la noche me revolvía en un desvelo infeliz.

»En mi miseria, me pregunté si Zabado no tenía el mejor plan, rehuir y evitar que se le rompiera la espalda en el trabajo. Entonces recordé la última vez que le vi y supe que su plan no era bueno.

»Pensé en el pirata con su amargura y me pregunté si no sería mejor luchar y matar. El recuerdo de su cuerpo sangrante me recordó que su plan también era inútil.

»Entonces recordé la última vez que vi a Megiddo. Sus manos estaban muy callosas por el duro trabajo, pero su corazón era ligero y había felicidad en su rostro. El suyo era el mejor plan.

»Sin embargo, yo estaba tan dispuesto a trabajar como Megiddo; él no podría haber trabajado más que yo. ¿Por qué mi trabajo no me trajo la felicidad y el éxito? ¿Fue el trabajo lo que trajo la felicidad a Megiddo, o la felicidad y el éxito estaban simplemente en el regazo de los dioses? ¿Iba a trabajar el resto de mi vida sin conseguir mis deseos, sin felicidad ni éxito? Todas estas preguntas se mezclaban en mi mente y no tenía respuesta. Estaba muy confundido.

»Varios días después, cuando parecía que estaba al final de mi resistencia y mis preguntas seguían sin respuesta, Sasi mandó a buscarme. Había llegado un mensajero de mi amo para llevarme de vuelta a Babilonia. Desenterré mi preciosa cartera, me envolví en los andrajosos restos de mi túnica y me puse en camino.

»Mientras cabalgábamos, los mismos pensamientos de un huracán que me arremolinaba de aquí para allá no dejaban de recorrer mi febril cerebro. Me parecía estar viviendo las extrañas palabras de un cántico de mi ciudad natal de Harroun:

Acosando a un hombre como un torbellino,

Conduciéndolo como una tormenta,

Cuyo curso nadie puede foliar,

Cuyo destino nadie puede predecir.

»¿Estaba yo destinado a ser siempre así, castigado por que sí? ¿Qué nuevas miserias y decepciones me esperaban?

»Cuando cabalgamos hasta el patio de la casa de mi amo, imagina mi sorpresa cuando vi a Arad Gula esperándome. Me ayudó a bajar y me abrazó como a un hermano perdido hacía mucho tiempo.

»Mientras seguíamos nuestro camino, yo hubiera querido seguirle como un esclavo debe seguir a su amo, pero él no me lo permitió. Me abrazó y me dijo: 'Te he buscado por todas partes'. Cuando ya casi había perdido la esperanza, me encontré con Swasti, que me habló de tu prestamista y me dirigió a tu noble dueño. Me hizo pagar un precio escandaloso, pero tú lo vales. Tu filosofía y tu empresa han sido mi inspiración para este nuevo éxito".

»La filosofía de Megiddo, no la mía, interrumpí.

»De Megiddo y tuyo. Gracias a los dos, vamos a Damasco y te necesito como compañero. Mira, exclamó, ¡dentro de un momento serás un hombre libre!. Al decir esto, sacó de debajo de su túnica la tablilla de arcilla con mi título. La levantó por encima de su cabeza y la arrojó para que se rompiera en cien pedazos sobre los adoquines. Con regocijo pisoteó los fragmentos hasta que no fueron más que polvo.

»Lágrimas de gratitud llenaron mis ojos. Sabía que era el hombre más afortunado de Babilonia.

»¿Ves cómo el trabajo, en el momento de mi mayor angustia, demostró ser mi mejor amigo? Mi voluntad de trabajar me permitió escapar de ser vendido para unirme a las bandas de esclavos de las murallas. También impresionó tanto a tu abuelo, que me eligió compañero.

Entonces Hadan Gula preguntó:

—¿Fue el trabajo la llave secreta de mi abuelo para los siclos de oro?

—Era la única llave que tenía cuando le conocí—, respondió Sharru Nada—.A tu abuelo le gustaba trabajar. Los dioses apreciaban sus esfuerzos y le recompensaban generosamente.

—Empiezo a ver— hablaba Hadan Gula, pensativo—. El trabajo atrajo a sus muchos amigos que admiraban su laboriosidad y el éxito que le proporcionaba. El trabajo le trajo los honores que tanto disfrutó en Damasco. El trabajo le trajo todas esas cosas que he aprobado, y yo que pensaba que el trabajo sólo era propio de esclavos.

—La vida es rica en placeres—comenta Sharru Nada—. Cada uno tiene su lugar, y me alegro de que el trabajo no esté reservado a los esclavos. Si así fuera, me vería privado de mi mayor placer. Disfruto de muchas cosas, pero nada sustituye al trabajo.

Sharru Nada y Hadan Gula cabalgaron entre las sombras de las imponentes murallas hasta las enormes puertas de bronce de Babilonia. Al acercarse, los guardias se pusieron en guardia y saludaron respetuosamente a un ciudadano de honor. Con la cabeza bien alta, Sharru Nada condujo la larga caravana a través de las puertas y por las calles de la ciudad.

—Siempre he deseado ser un hombre como mi abuelo— le confió Hadan Gula—. Nunca me había dado cuenta de la clase de hombre que era. Tú me lo has enseñado, y ahora que lo entiendo, le admiro aún más y estoy decidido a ser como él. Me temo que nunca podré recompensarte por haberme dado la verdadera clave de su éxito. La usaré a partir de hoy y empezaré humildemente, como él empezó, que lo que corresponde a mi verdadera posición, y es mucho mejor que las joyas y las túnicas finas.

Hadan Gula se quitó las joyas de las orejas y los anillos de los dedos. Luego, enroscando su caballo, se echó hacia atrás y cabalgó con profundo respeto detrás del jefe de la caravana.

¡ GRACIAS POR LEER ESTE LIBRO!

Si alguna información le resultó útil, tómese unos minutos y deje una reseña en la plataforma de venta de libros de su elección.

¡REGALO DE BONIFICACIÓN!

No olvides suscribirte para probar nuestro boletín de noticias y obtener tu libro electrónico gratuito de desarrollo personal aquí:

soundwisdom.com/español

Porque tu éxito importa

Otros libros que te podrían gustar...

Descubra cómo ganar fortuna, influencia y tranquilidad utilizando la filosofía del éxito que Hill desarrolló a través de sus conversaciones con Carnegie y más de 500 de los empresarios, líderes de pensamiento e iconos culturales más ricos y exitosos de Estados Unidos.

DISPONIBLE DONDE SE VENDEN LIBROS

Puedes crear riqueza y alcanzar la seguridad financiera;

PERO PRIMERO,
debes aprender a pensar como

UN MILLONARIO.

ADQUIERE SABIDURÍA DE LOS CLÁSICOS.

La Ciencia de Hacerse Rico

El juego de la vida y cómo jugarlo

Como piensa el hombre

DISPONIBLE DONDE SE VENDEN LIBROS